人生的每一段路，都是一种领悟

陆小曼传

冯远臣 著

中国出版集团 现代出版社

图书在版编目（CIP）数据

人生的每一段路，都是一种领悟：陆小曼传 / 冯远臣著. -- 北京：现代出版社, 2019.4

ISBN 978-7-5143-7735-4

Ⅰ. ①人… Ⅱ. ①冯… Ⅲ. ①陆小曼（1903-1965）- 传记 Ⅳ. ①K825.6

中国版本图书馆CIP数据核字（2019）第058001号

著　　者　冯远臣
责任编辑　袁　涛
出版发行　现代出版社
地　　址　北京市安定门外安华里504号
邮政编码　100011
电　　话　010-64267325 64245264（传真）
网　　址　www.1980xd.com
电子邮箱　xiandai@cnpitc.com.cn
印　　刷　三河市金泰源印务有限公司
开　　本　880mm × 1230mm　1/32
印　　张　7.5
字　　数　138千字
版次印次　2019年6月第1版　2019年6月第1次印刷
标准书号　ISBN 978-7-5143-7735-4
定　　价　39.80元

目　录　CONTENTS

序

有一种黯然神伤的情绪在涌动，它沿着春天的葡萄架，以微弱的嫩黄向时空延展开去。

在这样的黄昏，细碾青石板上的小路，极目江南的小桥流水，回眸中，有斑驳的墙痕，寂寥的雨巷。在如幻随影中，一位民国女子翩然而至。

她，就是陆小曼。

陆小曼生活的时代，正是中国发生翻天覆地巨变的时代，是她的家族由强盛走向衰败的时代，也是新旧思想交替，开启崇尚民主、自由风尚的时代。

她是那个时代一部分知识女性的缩影，她面对新生活转型成功，给那个时代和现代社会生活的人带来诸多思考和启迪。

陆小曼从名媛到烟客再到卓有成就的画家，无疑摆脱不了深刻的时代背景。

她因徐志摩被后人熟知，也因个人的才情被人理解和原谅。

陆小曼的古文基础很好，写旧诗的绝句，清新俏丽，颇有明清诗的特色；写文章，蕴藉婉约，很美，又无雕琢之气。她的工笔花卉和淡墨山水，颇见宋人院本的传统，而她写的新体小说则诙谐直率。

陆小曼有很高的起点，却因为自己的率性而让人生变得曲折和不顺遂。

爱情不是生活的唯一，但它绝对可以影响人的一生。陆小曼的人生就是被爱情所累。

希望这本书能让大家在了解陆小曼的同时，更能引以为鉴，让她的飞扬与落寞成为你的人生指路灯。

是为序。

冯远臣

2019年2月22日于成都

1. 名门望族的唯一

上海。深秋。

高大的法国梧桐树，齐刷刷地排列在道路两旁，像赤膊上阵的卫兵，又像缺衣少吃的苦力。高处的枝干无力地伸向灰蒙蒙的天空，仿佛想要扒开雾霾，享受这秋日阳光的照耀。那最后的几片叶子挂在风中，奄奄一息地伤感着。

更多的梧桐叶选择了飘落，它们卷起枯黄的心事，铺满每一条大街小巷，仿佛要给大地预置一床哪怕是破旧的棉被，以便在严冬到来之前留下些许温暖。

黄浦江上渔船穿梭，码头上人力车夫挥汗如雨。错落有致的欧式楼房，古朴典雅的中式建筑，讲述着灰色墙砖体内的故事。连麻雀也是灰色的，它们湿漉漉地瑟缩在颤巍巍的电线上，强忍着黎明的冰冷和饥饿的折磨。

这样的场景，出现在大清帝国光绪二十九年九月的上海。

农历癸卯年，公历1903年。

此时的大清帝国，就像一棵摇摇欲坠的参天大树，山雨欲来风满楼，又像落日的余晖，再也无力抵达它想要照耀的远方。只需一点微弱的风吹草动，就会使这个衰败的政权土崩瓦解。仅仅过了九年，即1912年，宣统皇帝发布退位诏书，中华民国成立。

1903年农历九月十九日，上海南市区（现更名为黄浦区）孔家弄31弄2号，一位陆姓大户人家，一个女孩诞生了。她，就是后来被誉为一代才女名媛、芳华绝代的翻译家、文学家、画家陆小曼。

陆小曼出生在晚清这样一个乱世之秋。有人说，九月十九是观世音菩萨的出家之日，暗含吉祥，救苦救难，是普度众生的天象。这是否预示着陆小曼将来的人生道路就是一次艰难的修行？

真实的人生，不过是一场羁旅，一夜宿梦，抵达目的地并不重要，重要的是你经历过的沿途风景，是在斗转星移的时光年轮上，理解什么是一瞬，什么是永恒。

陆小曼的降临，给陆家添了无限的喜悦。

作为陆家排行第五的小曼，是陆家唯一幸存下来的孩子。尽管封建社会有重男轻女的恶习，但相当于今天独生子女的小曼，在陆氏家族中的分量和备受呵护的程度是常人难以想象的。

小曼母亲曾生育九个孩子，她的八个兄弟姊妹都先后在幼年和青年时早亡。这是陆家的不幸，也是小曼父母心头的痛。他们把这种痛转化为爱的源泉，并将全部的心血都倾注在小曼的身上。

有人说陆小曼是仙子落草尘世，有人说她是龙女转世，还有人说她原本是天庭的一株仙草，只为还君一滴泪而奔下凡尘，就连父母给她取的名“眉”（别名小眉、小龙），也那么温婉细腻，楚楚动人。

小眉，也就是细眉，就像初生的柳叶一样嫩绿，有娇小玲珑、新月出境之意。而龙女的传说则更为神奇，龙女是神话中东海龙王的小女儿，观音菩萨身边的女童。传说龙女生得眉清目秀，聪明伶俐，深得龙王的宠爱。冥冥中，是否暗示了小曼将来的爱情遭遇也如神话中龙女的爱情故事那样缠绵悱恻、凄婉迷离呢？

这些断章摘句、望文生义的猜测似乎都不重要，重要的是陆小曼曾经来过。她带着陆氏家族的梦想和希望，带着前世今生的夙愿，带着已知和未知的命运，在滚滚红尘中，用她生命的绽放，展开了一幅民国时代女性的生活画卷，并将在历久弥新的时空长河中，带给现代人无尽的遐想和感叹。

从陆氏宗谱看，陆小曼的祖籍是常州樟村。樟村也就是现在的丁堰镇，是常州东郊的一个大村落。樟村陆氏共分十大支派，陆小曼属于其中的“北园村派”。

陆小曼的父亲陆定，因从小聪明好学，每次考试都名列前茅，甚得师长和族人的喜爱。

陆定早年留学日本，就读于日本早稻田大学，是日本名相伊藤博文的得意弟子。在留学日本期间，就加入了孙中山先生的同盟会，在民国初年袁世凯任大总统期间，曾被逮捕过。他先后在国民政府内任高官二十余年，同时也是中华储蓄银行的主要创办人之一，开启了中国银行史“零存整取”的先河。

陆小曼的祖父陆荣昌，字致和，排行老二。官至朝议大夫，钦加运同衔赏戴花翎。相当于现在的全国政协委员或国务院参事、调研员，仅有其名，而无实职。

咸丰年间，陆荣昌携一家老小从常州樟村迁往上海居住，在他去世后，“他的夫人刘氏及陆定等后人对孙中山领导的辛亥革命给予了许多支持。为此，1916年民国大总统黎元洪为荣昌公亲笔题写匾额‘饥溺为怀’，夫人刘氏也获‘本固枝荣’匾额”。

在陆氏宗谱中，陆荣昌是樟村陆氏“北园村派”第七十八世孙，由此可以追溯到战国时一世祖陆通。其间出现过许多有名的人物，如汉高祖刘邦的开国功臣陆贾，唐朝名相陆贽，宋朝大诗人陆游、爱国名臣陆秀夫等。公元1101年，其先祖时任常州晋陵县县令陆云光在苏东坡游历常州期间，因意气相投二人很快成为忘年交。彼此饮酒赋诗，唱和应答，传为佳话。

小曼的母亲吴曼华，也就是陆定的妻子，小名梅寿，也出身名门望族。她是常州白马三司徒中丞第吴耔禾之长女，上祖吴光悦，做过清代江西巡抚。吴曼华不仅多才多艺，而且古文功底深厚，又特别擅长工笔画。据说陆定在担任贝子贝勒学校的教师时，常常把这些王子王孙的文章作业带回家中，由吴曼华帮助批改。陆小曼嗜画以及在晚年取得的艺术成就，不能不说深受其母亲的影响和熏陶，而小曼名字中的“曼”，应是对母亲曼华的“曼”字的传承。

人无千日好，花无百日红。陆氏家族两千多年来在江南繁衍生息，经历过由盛而衰、由衰而盛、起起落落的风雨剥蚀，就连位于常州丁堰镇樟村的陆氏宗祠也未能幸免。

咸丰战乱时期，陆氏宗祠被毁，到同治年间始得重建，又逾百年，已是残垣断壁，破败不堪，几于坍塌之危。2004年，幸得陆氏族人历经周折，齐心合力，才将陆氏宗祠修缮一新，恢复原貌。

陆氏宗祠仅是中国几千年来众多姓氏宗祠的一个缩影。它所恢复的不过是一个外形，而深藏于历史深处的沧桑与痛感，我们只能通过镜头叠加的追溯去感知，但这并非它全部的意义所在，因为在这个宗祠的分流之中，出现了我们故事的主人公——陆小曼。

是陆小曼的卓尔不凡、芳华绝代使陆氏宗祠重放光辉？还是博大厚重的宗祠背景使陆小曼的故事长盛不衰？也许都是，也许都不是。

陆小曼或许不是谁的后代或先祖，陆小曼就是陆小曼，陆小曼属于她自己。正如《三国演义》开首调寄《临江仙》写的：“滚滚长江东逝水，浪花淘尽英雄。是非成败转头空，青山依旧在，几度夕阳红。”

2. 女孩富养的魅力

童年是一幅画，童年是一只风筝，童年是天上的星星。童年梦里的摇篮，是摇篮里的梦。

它是小草发芽的清香，它是清泉石上流的澄澈，它是诗意绽放的懵懂和憧憬。

冰心说：“童年呵！是梦中的真，是真中的梦，回忆时含泪的微笑。”

陆小曼的幼年和童年到底是怎样度过的呢？

“她是一个肌肤白皙、眉清目秀、机灵聪明的女孩。”六岁之前随母亲在上海居住并在一所幼儿园启蒙，“六岁（1909年）随母亲赴北平依父度日”。随即转入北平女子师范大学附属小学和北平女中。从小学到中学这一阶段的学习是在她十五岁以前（1918年）完成的。

陆小曼的幼年，在上海南市区（今黄浦区）孔家弄31弄2号度过，这里是她出生和成长的地方，江苏常州樟村只不过是她血缘关系上的故乡。

现在，那里仍有一栋三层楼的古式建筑。二楼一个二十多平方米的长方形房间，就是陆小曼幼年和童年的闺房。楼顶有晒台和储物间，房间东面有一排窗户，正对后面的天井。整个房间一天到晚都很安静。

据老人回忆，当年这条弄里居住的都是官商人家。男人们早出晚归，阔太太和大小姐守在家里，邻里之间亲睦祥和，充满上海人的精细和斯文。

在清朝的最末几年，陆小曼还能够上幼儿园，是一件很幸福的事。

据记载，当时上海开办的幼儿园比北京还多，但穷苦人家不会也不可能把孩子送进幼儿园，不单是经济上无法支撑，也没有那样的观念。有钱的大户人家，绝大多数认为把孩子送进幼儿园过集体生活是一种折磨，单独请个私塾先生来家里教，一方面可以学到知识，一方面娇惯着，做个跋扈的少爷和小姐不是更好吗？

接受过西方教育的新派人家想法就新锐得多了。陆小曼的父亲早年留学日本，深知孩子的教育必须从小抓起，小曼的母亲也知书达理，夫妻俩自然容易达成共识。

就这样，小曼仰仗着父母的开明和他们超前的视野，开始了幼儿班集体式的读书习字生活。在那个年代，幼儿班不会教给孩子太复杂的东西，无非是简单的算术、图画和体操，有时也讲一些有趣的童话故事。

由此可以看出，陆小曼从小并非娇生惯养，而是娇生富养。一字之差，意义大不相同，陆定夫妇是决计要将小曼培养出男儿一般的才智和胆识的。他们看到了未来社会的发展和需求，将小曼作为陆氏未来的继承人加以期待，并有目的、有计划地对其进行训练和培育。

时光荏苒，一百多年前的幼儿班，我们无法复制它原来的模样，但看看今天的孩子，想想幼时的小曼，她的聪慧和伶俐、活泼与可爱，不是跃然纸上了吗?

在身边亲友的回忆中，小曼小时候很调皮，说话乖巧，声音甜润。五六岁时跟着母亲看完戏，回家后就嚷着要学唱戏。没办法，她父亲只好请了梨园的旦角师傅来教她唱，动作、神态和腔调还真像那么回事。师傅越发喜欢她，竟和陆定商议，要把小曼收进戏班子，好好培养，说将来一定会大红大紫。

陆定自然不会同意，说这是小孩子闹着玩儿的，不必当真。毕竟在当时，戏子的社会地位低下，小曼说到底是显宦千金，怎么可以走这条路?

1909年，六岁的陆小曼完成了她在上海的启蒙教育，随母亲起程前往北京，与父亲一起生活。

来到北京的小曼，对一切都那么陌生而好奇。她不知道这个帝王之都和上海有什么不同。她也不知道，比她还小三岁、哭鼻子尿床的爱新觉罗·溥仪刚刚登上了皇帝的宝座。她更不知道，父亲要把她送进怎样的学校，将来的学习成绩会怎样。

一切不必担心，一切担心都是多余的。

1907年3月8日，清政府正式颁布了《女子小学堂章程》和《女子师范学堂章程》，就连陶行知先生也认为“这是女子教育最可纪念的一天”。这标志着，女子和男子一样接受课堂教育，获得了官方认可。

1910年起，小曼进入北京女子师范大学附属小学学习，1912年升入北京女子中学，六年后的1918年转入北京圣心学堂读书，这一年，小曼十五岁。

常州是一座历史文化名城，素有“三吴重镇”“八邑名都”之美誉。常州人有着江南水乡人的淳朴和睿智，他们喜欢吃、精于吃，懂得享受生活。

上海人给人的第一印象是精明。柳亚子于1930年完成的《民国上海市通志稿》手稿里讲道，明清时期上海人不但精明、自私，而且“性恶薄，藐视乡人，凡乡人与城中亲友往来，必受亏几分”云云。文中分析道，上海人这种性格的养成，主要是因为在当时的历史背景下，饱受倭寇之苦和本地的地痞流氓强盗之祸，为了求得生存和发展，不得不采取某种方式来维护自身的利益。

北京人呢？因在天子脚下，实在、大气、包容，生活充满哲学与诗意的浪漫情怀。

陆小曼家族从祖籍江苏常州迁往上海，又从上海迁往北京。父母的性格特征、人情世故、好恶诉求，童年、少年时期的陆小曼无不耳濡目染。

陆小曼的性格，既有常州人的聪明智慧，又有上海人的机巧精明，同时兼具北京人的勇敢、率真和浪漫。她奢华的气派和孤高桀骜的性格，兼具慵懒的颓废，则是后天养成的。

但人的本性是天生的，陆小曼骨子里有着天生的自尊、虚荣及荣誉感，有着机巧的内秀与灵性和永不安于现状的渴求。

1913年10月，袁世凯操纵国会，进行总统大选，正位后，开始大肆搜捕国民党党员，一时血雨腥风，国会也随之解散。搜捕名册上，陆定正好榜上有名。当时只有十岁的陆小曼，提醒即将出门的父亲，叫他不要把证件随身带在身上，把证件摘下来藏在家里。

果不其然，军警来陆家搜查了。

军警盘问小曼有关父亲陆定的起居情况和一些生活细节，小曼镇定自若，谨慎回答，军警们很失望，悻悻地离开陆家。

而陆定在外接受盘查时，也没有出现任何纰漏。

没有足够的证据，一场血光之灾就这样化解了。

汉刘向《说苑·反质》中说："有机智必有机心。"小曼的机智，反映出她的随机应变能力、敏锐的洞察力，以及在紧急状况下灵活应对的能力。"机心"具有功利、巧诈、利用等含义，但对于一个刚满十岁的孩子来说，机心是不存在的。

陆小曼本性的另一面是率真。机智是对敌人，率真则是对亲人和朋友。

直率、真诚的品质，注定了陆小曼的外向活泼，再加上优越的家庭环境、良好的教育，她性格中的浪漫自由随着时间的推移、阅历的增多被慢慢唤醒。

进入圣心学堂时，十六岁的陆小曼身上，娇生富养的魅力已经成果斐然。

3. 校园皇后

十六岁的花季，一生只开一次。

十六岁，是初上枝头的玫瑰，是含苞欲放的水仙，是尘世未开的睡莲。

如此美妙的时光，就这样款款地向你走来，在三月低伏的草丛间，在樱花盛开的曲径旁，在奇思妙想的帷幔中。

她打开一扇窗，通向繁星满天；她关闭一扇窗，藏起万水千山。

她迎晨露逆光而飞翔，含蕙兰绝世而凝香。

十六岁的陆小曼，她风生水起的一生就此拉开序幕。

胡适说："她是旧北京一道不可不看的风景。"

她是挥金如土的才女，美艳冷傲的名媛，吞云吐雾的民国太太，痴情娇纵的绝代佳人。

圣心学堂，按照现在的话来讲，就是贵族学校。北京的圣心学堂，上海的中西女中、启明女中、圣玛利亚女中等学堂，都是民国时期的名媛学堂。

这类学堂，其实是西方一些国家的传教士创办的。

从19世纪中叶起，英国女传教士奥特绥趁“五口通商”开放之际，在宁波创办了中国历史上第一所女子学堂。

半个多世纪之后的民国初年，这些学堂已经成为民国豪门贵族子女的专用学堂。

比如，宋美龄三姐妹、南方名媛唐瑛就读于上海中西女中学堂；杜月笙的儿媳和李鸿章的曾外孙女张爱玲就读于圣玛利亚女中学堂；蒋介石的把兄张静江的孙女，上海大亨张啸林之女张佩俊、张佩杰姐妹就读于启明女中。

时任财政部赋税司司长的陆定则不惜重金，把他的唯一爱女陆小曼送进北京圣心学堂。在此期间，陆定还专门为她聘请了一位英国女教师教授英文。

教会学堂就是培养名媛的大本营。豪门显贵、名流巨贾纷纷将子女送入这里，就连一般的中产阶级，也不惜抛售家产变作学资，送子女入学。他们心里明白，这些后代一旦步入社会，将有取之不尽、用之不竭的社会资源。

一张社会关系的大网就这样潜移默化地编织着。

那年的陆小曼，一张白里透红的小圆脸，乌黑的刘海儿半遮前额，微翘的嘴角欲说还休，一对秋波衬着淡淡的柳叶眉，简洁文雅的校服难掩青春的曲线。走路时，那一阵香风，也会醉倒时光。

一个人在美丽的外表下，更需要丰富学识，培育素养，打造气质和提高技艺，正是因为有了圣心学堂艰苦而繁忙的学习，陆小曼才会出落得越发亭亭玉立、婀娜多姿。

她和其他同学一样，每天上双语课，一半是汉语，一半是英语或法语，还有体育、音乐、舞蹈、绘画等课程，在家里饭来张口、衣来伸手的她学会了自己梳妆穿衣，铺叠床被，打扫卫生。

她喜欢看小人书、连环画，且特别喜爱看武侠小人书。还珠楼主的《蜀山剑侠传》一共有很多册，小曼一直带在身边，爱不释手，竟惹得她的母亲和表姐吴锦也跟着一起看，课余饭后，她们还会坐在一起探讨里面的人物，发表对人物的看法。

她学会了骑马、骑自行车、游泳、打网球。学校甚至规定，凡学不会骑自行车者，体育考试一律按不及格处理，以至下学期不能如期升级。

这样的课程和课外活动，在今天看来似乎不需要大惊小怪，然而在1918年到1920年间，是政局最为混乱的年代，国民大总统走马灯似的不停更换，五四运动爆发，南北和谈破裂，战火纷飞，灾难不断，很多人无家可归，更不要说读书求学。

五四运动爆发时，贵族子弟们也上街游行、捐款、演说，反对丧权辱国的《巴黎和约》，有些同学制作画卡、手帕，然后沿街叫卖，用以资助学生运动。

但圣心学堂内依旧安宁平静，陆小曼继续着她的学业，并在课余时间学习各种社交礼仪。她参加学校的各种聚会，排演话剧，学习音乐、舞蹈、绘画等多种技艺，并在同学之间模拟着交际技巧。

她是圣心学堂含苞待放、娇艳欲滴、青春无敌的美人，加之热衷交往互动，又心直口快，颇有任性刁蛮的公主味道，大家都称她为“校园皇后”。

陆小曼每一次出行或到剧院、公园玩耍时，都会前后簇拥着一大批人，或为她拎包，或为她拿外衣，男同学们时不时地献点小殷勤。

虽然她本人对此不屑一顾，毫不领情，但大家毫不介意，依然奉其若女神，加以追捧。这样的生活，俨然家庭般的娇宠，无疑加剧了她内心欲望的膨胀，以及对超现实浪漫主义情怀的极度追求。

几年的集体生活，也让陆小曼从衣来伸手、饭来张口的娇生富养，逐渐适应了独立自主、自力更生的校园生活，更重要的是，在圣心学堂期间，陆小曼获得了大量中外知识，特别是对英语和法语的熟练和精通，打开了她与世界接轨的窗口，也为她日后的外交生涯增添了有力的羽翼。

1920年以后，十八九岁的陆小曼已经成长为一名知识女性。她的机敏加才智，既有中国传统世袭家族的熏陶，又有新世界摩登时尚的追求；既有中国传统文化的根基，又有西方现代文明的晕染；既有沉鱼落雁的姿色，又有举手投足间的优雅。进可以游刃于政治、社交、商业、娱乐界，退可以守成于深宅大院，或安享富贵逼人的阔太太生活。

但在圣心学堂的一切，不过是陆小曼走向社会的前奏曲。

陆小曼的家庭有高干，有知识分子，有钱、有权、有势，她就是那个年代的富二代。

富二代都有那么点任性，做事情往往不会计较后果。小曼也不例外。

4. 一个名媛的诞生

有人说“女人因可爱而美丽，而不是因美丽而可爱”，倒不如说“女人因有才而美丽，而不是为美丽而美丽”。

陆小曼的美丽，除了外表，更体现在她的才华和智慧上。

再美的女人，容颜终将因岁月的流逝而逝去，而潜藏于内在的知识、技能，以及因此而生的优雅脱俗的气质将伴随终生，即使芳华尽褪，依然能绽放出绚丽夺目的光彩。

1920年，虚岁十八的陆小曼，已经不是两年前的样子。经过紧张刻苦的学习，她的英语、法语水平已经可以与世界对话了。

文学、戏剧、绘画等方面也初露才华。“在学生时期，她便能诗善画，能写一手蝇头小楷，能唱歌能演戏”，这是与陆小曼有交往的友人对她的评价。

据说曾有位法国人到圣心学堂参观，看到一幅油画，非常惊讶，忙问这是何人所绘。

陪同的校方人员说，是陆小曼同学。

这位法国人在欣赏之余，当即支付两百法郎给校方，将油画买走。

此事引起了校内的强烈反响和社会的广泛关注，而这幅画仅仅是陆小曼的开山之作。

不仅如此，陆小曼的绝句，峭拔迤逦，清新婉转，颇得明清诗风的真传。她的文章又是那样婉约哀怨，如诉如泣，字里行间美得珠联璧合，风姿绰约。

同年，比陆小曼小一岁的林徽因，正随父亲林长民赴英求学，并于1920年的10月，与在伦敦经济学院求学的徐志摩初次相遇。等到林徽因1921年回国继续读书时，陆小曼已经在北平社交界崭露头角了。

有人说，林徽因顾盼生姿，矜持缄默，高山仰止，一生幸福平安。有人说，陆小曼因眉目传情，娇柔冷艳，才智双绝，晚年寂寞孤伶。

有人欣赏林徽因的理智和对命运恰到好处的掌控，有人赞叹陆小曼的热烈和对爱情的执着与坚韧。

这些既是有意义的探讨，也是无意义的置评。

只因为，这是一个新旧交替、潮流涌动的时代，谁也无法逃离现实。

在新文化运动的浪潮下，旧中国的妇女获得了极大的解放，特别是接受过西方思潮影响的知识女性，开始步入社会，参加各种活动，或从政、从军、从商，或走进学堂读书，或出国留学，等等。她们在婚姻上开始叛逆，反对包办和买卖婚姻，追求男女平等、自由恋爱。

刘海粟、李叔同、蔡元培等人提出对国民进行美术教育，甚至把话剧、西方音乐搬上舞台，学校还制作了很多学堂乐歌，供教师教学和学生演唱。

学校有美术课，陆小曼又有绘画基础，这成为她后来拜刘海粟为师的契机，其后，陆小曼的画技日益精进，终成一代画家。晚年的她更是对中国画造诣尤深，作品别具风味，圆熟清润，辽远苍茫。

1920年，陆小曼迎来了她人生转折的第一年，此后三年里，风光绚丽一直伴她左右。

北洋政府外交部的外交官顾维钧，要圣心学堂推选一位精通英文、法文的美女在校生，到外交部做兼职翻译和外事接待工作。

这份差事，学校选来选去，还是非陆小曼莫属。不知道是她在财政部的陆老爹和顾维钧同朝为官，彼此达成默契，还是两家祖上本是同乡之谊的原因。不过，明选或暗选，作为校花的陆小曼都当之无愧。

顾维钧，字少川（1888—1985），汉族，江苏省嘉定县（今上海市嘉定区）人。1922年，顾维钧接替上一任颜惠庆的外交总长职务，至1927年1月正式组阁任国务总理，不久辞职。后来他被誉为“民国第一外交家”。

虽然顾维钧在1920年还没有任外交总长，但还是很有实权的，陆小曼在外交部见习的三年中，一直得到他的照顾和关怀。

见习，和今天的大学生在外兼职差不多，一边学习一边工作，逐步适应社会，以便正式毕业后顺利进入工作状态。

这是一份令人羡慕的工作。小曼这样的才女，必须经过生活的锻打，才能百炼成钢，这也是陆定夫妇愿意看到的结果。

而对于小曼，自然是怀揣惊喜和忐忑。一方面，她就要和社会实践相结合，检验自己的学业了；另一方面，对于自己是否能干好这份工作，她心里一片茫然。但后来的事实证明，陆小曼不但没有辜负父母的期望，而且干得相当出色，并以名媛的风采崭露头角。

陆小曼的外事工作包括：跟在外交主官身后，对外国使节或使团随行人员的接待、引导，简单的对话翻译工作，餐桌上的应酬，舞会上的交际应酬，等等。

这种环境里，眼里看到的都是高官、社会名流、学者或财团显贵，吃的是山珍海味、特色风情，喝的是名贵佳酿，住的是豪华套房。行则有人提包，动则有人拍照，就连如厕，也有人在外恭候。其前呼后拥、热闹喧哗之状，着实令人羡慕。尽管此时的中国四分五裂，战火不熄，但这些丝毫不影响达官显贵的奢靡腐化。

尽管陆小曼只是一个小角色，一个官场社交应酬的配角，但五光十色、豪华奢侈的生活场面，也奠定了她所憧憬的未来理想生活的基调。

现实生活中，谁不愿意被追捧、被簇拥，被仰视的目光折射出生命的绚丽？来自人性本能的虚荣、享乐与浮华的奢靡，彻底被激发出来，外交部这片高贵的土壤，让陆小曼的贵族习气逐渐生根发芽。

社交工作从来不会单调或者简单地重复。有些人一生也许只会遇见一次，有些事和场景也许会一闪而过，又有些人物的出场犹如昙花一现。穿梭于这样光怪陆离、患得患失的社交场所，永远新鲜而刺激，永远迷幻而缥缈。

三年来，陆小曼工作出色，得到社会各界的广泛好评。一次陆定也在场的社交活动中，顾维钧对另一位朋友说：“陆建三的面孔，一点也不聪明，可是他女儿陆小曼小姐却那样漂亮、聪明。”在顾维钧一褒一贬、调侃幽默的话语中，不难看出他对陆小曼发自内心的喜欢和满意。

据说有一次，一位法国将军在检阅仪仗队时，发现仪仗队队列很不整齐，这位将军对旁边的陆小曼说，你们中国的练兵方法大概与其他国家有所不同吧？小曼机智地回答，没什么不同的方法，皆因您是世界上大名鼎鼎的英雄，这些队员见到您无比激动，难免心慌，所以动作无法整齐，他们是敬畏您啊！这样的回答，既避开了尴尬，也挽回了体面，又使法国将军在优越感得到满足的同时，愉快地付之一笑。

翻译，不是把对方的话完完整整地翻译过来这么简单。有时候，遇上那些蔑视华人的外国人出言不逊或有侮华言行时，小曼会巧妙应对或以牙还牙。

据陆小曼的侄子回忆，一次联谊宴会活动中，一些外国政要带来自己的孩子，和中国小孩一起高兴地玩着气球，这时，有个外国人为了自己取乐，很野蛮地用烟头把中国孩子的气球点爆，孩子们被吓哭了，而他们却若无其事地捧腹大笑。此时的小曼非常气愤，她用同样的方法去点爆了外国儿童的气球。

她从来不是那种逆来顺受、低眉隐忍的性格，她的正义感和爱国精神也为她赢得了更多的青睐者。

5. 门当户对的另一半

月移午夜，又浸三更。

才过花池，又入酒林。

玉宇琼楼曼身姿，灯红酒绿展娇颜。

著名海派作家程乃姗，对名媛给出如下释义：“名媛，绝对讲究阶级讲究出身。她们既有血统纯正的族谱，更有全面的后天中西文化调理：她们都持有著名女子学校的文凭，家庭的名师中既有前朝的遗老遗少举人学士，也有举止优雅的英国或俄国没落贵族的夫人；她们讲英文，又读诗词；学跳舞，弹钢琴，又习京昆山水画；她们动可以飞车骑马打网球玩女子棒球甚至开飞机……静可以舞文弄墨弹琴练瑜伽……”

这个解释仿佛是给陆小曼量身定制的一般，但也是当时社会所公认的名媛标准。

陈定山旧著《春申旧闻》谈起当年上海的“交际名媛”写道：“上海名媛以交际著称者，自陆小曼、唐瑛始。继之者为周叔苹、陈皓明；周为邮票大王周今觉的女儿，陈则为驻德大使陈震青之爱女。其门阀高华，风度端凝，盖尤胜于唐、陆。自是厥后，乃有殷明珠、傅文豪，而交际花声价渐与明星同流。”

人们常说，性格决定命运，但后天的命运也无时无刻不在影响着性格，仿佛上天注定，又仿佛能自己改变。

在外交部实习的三年，让陆小曼成为当时炙手可热的名媛，也因此养成了奢华的习惯。

或许父亲陆定最初的愿望是为子女谋得一个较为体面的职业，让她从中得到锻炼，但后来发展的趋势不以人的意志为转移，一发而不可收的陆小曼，即使用结婚的方式来加以约束，也不能阻止她追求所向往的生活。

有人说，婚姻是爱情的坟墓。也有人说，入土为安的爱情总比曝尸街头要好得多。

按民国婚姻法规定，女子结婚年龄不得低于十六岁。十九岁的陆小曼已经是大龄姑娘，谈婚论嫁自然是头等大事了，就算陆小曼本人不着急，她的父母亲大人也会暗自焦虑。

在陆小曼父母的眼里，小曼不但是他们的掌上明珠，更是他们的心头肉，为自己的爱女寻得一个好婆家、好丈夫是天经地义、义不容辞的责任。

按照几千年来封建传统的婚姻观，首要条件自然是门当户对，其次才是相貌人品。陆定身为财政部要员，财政部有钱，他也绝没有贫穷的道理，所以是官且富。他将来要找的乘龙快婿的家庭，自然不能比他的家庭“级别”低太多。

虽然陆家是书香门第，陆定是留学生，饱读诗书，通晓礼仪，小曼更是琴棋书画无一不精，但生逢乱世，想找到诗书礼仪之家结亲几乎不可能。在那个枪杆子里出政权、出强权的社会，光有学问也是不行的。

除此而外，就要看相貌和人品了。才子配佳人，英雄配美女，不是浪漫主义情怀，而是实实在在的现实追求。陆家的女婿一定得相貌堂堂，英俊潇洒。

那么，陆小曼本人，又是怎么想的呢？

作为学生的陆小曼或作为初出茅庐的名媛陆小曼，此刻应该是非常清纯的。实习生式的外交生涯，在严格的家教管束之下，陆小曼的言谈举止和生活作风也是不敢出格的。陪酒也无非是应景而已，绝不是喝得酩酊大醉、妖娆毕现。陪跳舞，也无非是礼节性的参与，是一份工作，不但要陪得好跳得好，而且要不辱国格、不辱尊严。尽管那么多的达官显贵、风流才子想入非非，但也只是幻想而已，不会有实质性的动作，毕竟他老爹陆定在官场上也是有面子和威望的，谁敢轻易去动一动他的千金呢？

小曼在浪漫中幻想，在幻想中憧憬。她心目中，玉树临风的白马王子在哪里?

在有小桥流水的梦境中，他们挽袖而行；在迤逦婉转的江南小雨里，一柄油纸伞下，共叙缠绵；在杨柳拂面的西湖边，遥望星辰。他们或吟诗作画，或载歌载舞，或对弈，或谈笑，或追逐，儿女成群。

华灯初上的时刻，歌舞升平，香雾弥漫，一曲未终，一曲又起。海棠霓虹般迷醉，紫气飞升般逍遥。出入豪华宴会，穿梭于名流巨贾之间。聚光灯闪烁不停，欢呼声经久不息。

一切的遐想，都符合少女的心态。

但这是在民国，是在军阀混战的年代，想得太多反而无益。现实就是世俗，世俗是既定的、不能更改的人间烟火或冷暖。谁又能从出世到入世，一眼就看穿红尘呢?

陆小曼的婚姻，陆小曼的未来走向，她心爱的父母早已经为她操办好了。她只需要沿着父辈指引的道路，怀着好奇而忐忑的心情，懵懂地走下去。

陆小曼父母为女儿选中的白马王子，就是后来做到国民党陆军中将的王赓。

王赓，字受庆。1895年5月15日，出生于江苏省无锡县城内小河上的知府宅第，其父王甄如，共育六子三女，王赓是家里的长子。他的祖父名叫王谷生，是晚清浙江省湖州府正堂知府，祖上是书香门第，渊源深厚。

王氏家族相关资料记载："王氏祖遗嘉乐堂，位于无锡东城门小河上小娄巷，宅大院深，大门六扇，朝南临河，三级台阶。大门前有照墙，东西开阔五十余尺，有前后门厅、小厅、大厅、楠木厅、主楼、仓厅、后花园、舍屋等九进。"

关于王赓的父亲王甄如从事过什么职业，没有记载。王甄如极有可能是依仗父亲的权势和余下的财富，过着公子哥儿的悠闲生活，但坐吃山空后，家道逐渐中落。

王赓少时静思好学，不喜玩耍。青年时期更是奋发图强，立志报国。关于他在留学美国期间的求学经历和基本情况，美国普林斯顿大学图书馆，对其时的留学生传略记载在开头几行这样描述：王赓，中国陆军中将，1942年4月死于埃及开罗……（他）原本是官宦子弟，因家道衰落后发奋求学，在北京安定中学和清华留美学堂受到早期中国教育，因学业成绩非常突出，被选中以全部公费派到美国进一步接受教育，1911年，他先在密歇根大学读了一年，二年级进入哥伦比亚大学，三、四年级进入普林斯顿大学，读历史和政治系，1915年以名列第十四位（共一百一十六名文科生）的优异成绩毕业。此后，他受到美国西点军校的约谈，到那里接受美国陆军高等教育，毕业于1918年，是这一年一百四十个毕业生中的第十二名。

一个年仅二十三岁的中国帅哥，在20世纪初，能同时毕业于美国的普林斯顿大学和西点军校两所重量级的学府，在民国时期恐怕是绝无仅有的。

让王赓倍感荣幸的是，在西点军校，居然和后来当上美国总统的艾森豪威尔成为同班同学。他的母校西点军校对王赓做过这样的评价，“…He was a credit to West Point”，即“西点以他为荣”。

一米八几的身高，结实有力的肌肉，端正严肃的表情，威严笔挺的将军服，走起路来铿锵有声。他不苟言笑，沉于思考，一双犀利的眼睛，在敏锐地捕捉这个世界的影像。他休闲的时候，一袭长袍，慢摇蒲扇，一卷史书在手，俨然文弱书生。他走入军营，全副武装，雷厉风行，一腔热血沸腾，凛然而不可侵犯。

他熟读古今中外历史，通晓各国时事政治；他研读军事，理论上乘，实操过硬。于文，他满腹经纶，妙语成章；于武，他兵法娴熟，令行禁止。

他工作起来严肃认真，一丝不苟，用工作狂来形容一点也不过分。除去工作时间外，几乎都是休息时才回一趟家。这是军人的素养，以大家为家。即使在家休息，他也不会放松精神，放纵肉体，仿佛军人的姿势永远不会放下，这给家庭的氛围笼罩上了一层严阵以待的庄重。

他不可消沉怠惰，因为他是西点骄子；他不可儿女情长，因为他要建功立业；他不可玩世不恭，因为他要为人师表。

这样高素质、高起点的复合型人才，要想找到一份理想的工作有什么难处呢？

王赓学成归国，随即进入北洋政府的陆军部供职，后又任巴黎和会中国代表团上校武官，兼外交部外文翻译，并于1918年12月1日随陆征祥率领的中国代表团参加巴黎和会，在此期间认识了梁启超，成为梁启超的学生。1918年秋，任航空局委员，1921年升为陆军上校。

良好的开头，使王赓小有成就，二十六岁当上上校，他感到前途一片光明。巴黎和会实际上是第一次世界大战战胜国的帝国主义分赃会议。中国作为战胜国，不但没有索回被列强强占的土地主权，反而被英、美、法等国做主要送给日本。在全国民众共同抗议下，中国代表团终于没有在合约上签字。此时的梁启超也在为此事竞相奔走。

作为小小翻译官的王赓，见证了这一幕，认清了帝国主义列强的嘴脸，立志报国的愿望愈发强烈起来。

光阴荏苒，转眼已是1922年。

这一年，既是王赓事业的转折点，也是个人婚姻家庭生活的起点。

古人有云，男子三十而立。二十七岁的王赓，老大不小的，也算是奔三的人了，成家已成为当务之急。

作为军人的王赓，可能更愿意遵循“治国、齐家、平天下”的历史古训。二十七岁才混到少校级别，也许并不是他满意的求职目标，就更别说“平天下”了。

父母早逝，他回国后刚参加工作不久，仍然是穷小子一个，但这并不影响他对自己另一半提出高标准。长达八年的西式教育，让他更能体会民主、自由、恋爱的美好。他没有父母逼婚的压力，也没有媒妁之言、包办婚姻的焦虑。

他需要等待，需要观望，直到那个梦中的倩影出现。

6. 这就是政治婚姻

1922年，北京的秋天，风轻云淡，天高气爽。这座古老的帝王之都，尽管城头不断变换大王旗，江山易色；尽管南方的孙中山总统府遭到炮击，各地工人罢工运动风起云涌，皖南遭遇百年罕见的水灾，但这丝毫不影响香山红叶的绽放，亭台楼阁的壮美，达官贵人的莺歌燕舞。

辽远的天空，明镜高悬，那些饥饿的人、忙碌的车，尽收眼底。有时候，它更像一个偌大的杂货铺，残破的民居院墙上偶尔也能看见几株花草，尚未掉尽落叶的干枝上仍有几片葱郁。那些苍翠欲滴的诗意，仿佛一股强大的生命力在抵抗着时间的坍塌和命运的倾覆。

此刻的唐在礼和夫人沈友琴正在为两位才子佳人张罗婚姻大事。

唐在礼和陆小曼的父亲陆定一样，也是赴日留学生，曾经是袁世凯的心腹重臣，后官至陆军中将。同时，他也是陆小曼的寄父。

寄父母，也就是通常说的干爹干妈。古人迷信，认为子女和生父母如果八字不合，相互冲克，就会多病灾，不易养活，因此，生父母会从亲友中寻找与子女八字相合的夫妻，请他们做子女的干爹。当然，这种关系也讲究门当户对或志趣相投，好的寄父母视义子义女如同己出。陆定夫妇共生九子，八子早亡，唯小曼幸存，也许正是唐在礼夫妇冥冥之中护佑的结果。

干爹干妈给自己的义女做媒，可信度和含金量一定很高。

唐在礼夫妇要给陆小曼找的夫君正是王赓。当唐在礼夫妇把这桩婚事提到议事日程上来时，就连一向挑剔的陆小曼的母亲吴曼华也没有提出反对意见。

唐、陆两家是世家，同朝为官，一个有军权，一个有财权，旗鼓相当。王赓此时仅是一名少校，但家庭背景渊源深厚，且有留学经历，加之高大英俊、文武全才，前途不可限量。

其实，在陆定夫妇的心中也许还潜藏着另一番考虑。乱世之秋，枪杆子第一。王赓虽然目前职位低微，但他绝对是一只潜力股，就连唐在礼都很赏识他，愿意为他做媒。在军阀混战的时代，军事人才炙手可热，军阀之间彼此争夺人力资源，甚至是不惜血本的。

陆定虽然也是高官，但毕竟是文官，家族成员里也没有人做过武官。要保持一份庞大的家业不被分割，且要长期维持繁荣的景象，没有武力的支撑是不可能的，而王赓正是他们心目中理想的人选。更何况，陆小曼是陆氏家族唯一的继承人，这位掌上明珠，更需要得到有力的保护，才不至于使他们在百年之后还有放心不下的遗憾。

那么王赓本人又是怎么想的呢？

英雄爱美人，自古亦然。作为北平社交界一枝花的陆小曼，追求者不说络绎不绝，至少也是纷至沓来。只要能够和陆小曼结合，就是胜利，更何况能攀上陆、唐这样的大家族作为靠山，对今后的人生之路无疑是锦上添花。

一场婚姻与政治、经济的联手，正在慢慢合围。

陆小曼是这场婚姻的羊羔和祭品，她无法表达自己的想法。她也许听到干爹干妈在和父母商议自己的婚姻大事，但她不能插嘴，不能提出异议和质疑，甚至打听对方的基本情况也是多余的，因为她有如此疼爱自己的父母和如此骄人的干爹干妈，他们总不至于把自己往火坑里推吧？因此，她只需要安静地等待、愉快地接受就够了。

人生的路虽然很长，但关键的只有几步。就是这关键的几步，也不是她陆小曼自己走的，她是被亲情和旧的婚姻制度抬着走的。

一切的相互了解和认识，一切的相互交流和适应都是多余。

陆小曼和王赓在干爹干妈的撮合下，从订婚到结婚，时间还不到一个月。

1922年10月10日，是个大喜的日子。北平金鱼胡同，海军联欢社，张灯结彩，热闹非凡。闻名京城的社交名媛陆小曼和军界英才王赓在此举行了盛大隆重的婚礼。

没有故事的婚礼，场面再大，也不会被人记住或传颂。有故事的人，婚礼场面再小，也会被人津津乐道，更何况陆小曼和王赓的婚礼场面既宏大，又有故事。

据说，当天出席婚礼的中外贵宾有几百人，伴娘有九位并有英国小姐数位，因好奇观礼的人达数千之众。这九位伴娘里就有曹汝霖的女儿、章宗祥的女儿、叶恭绰的女儿、赵椿年的女儿。这几位宝贝的爹都是从清朝末年过渡到袁世凯的北洋政府的旧臣，没有她老爹陆定和她干爹唐在礼的面子恐怕是请不动的，毕竟这几个前辈都是同朝为官的铁哥们儿。

豪华庞大的婚礼必然需要巨额的费用开支。这一切自然都是陆家负责安排的，就连伴娘和服务生的衣服也是陆家定制的。显然，王赓的家庭由于父母早逝，家道中落，已无力支撑这样辉煌的场面了，他就像一个吃闲饭的小子，只需要按照事先安排的程序，完成一个庄严神圣的仪式就够了。

这样看来，新郎王赓捡了个大便宜，不但抱得美人归，而且连彩礼和婚礼的费用都不用管，与其说是陆小曼嫁给了王赓，倒不如说是王赓入赘陆家。

人潮涌动、欢声笑语的海军联欢社，几乎无法容纳下这样的惊艳，这样的时光流转。它记载了特定历史条件下，幸福与甜蜜的一瞬，荣耀与辉煌的一瞬。

这对新人在接受众多美好祝福的同时，也遭受着接受过西方教育的新兴知识分子群体的疑虑，理由很简单，这场婚礼从开始到结束，都是父母包办，而且从时间上讲还不足一个月。

这对新人都接受过西方教育，但他们仍然没有机会和时间来品尝爱情的滋味。彼此的志趣、追求和性格习惯，相互都不了解，甚至是一片空白，两人走到一起后，是福是祸、是苦是甜无法预测。相爱一生的概率究竟有多大，谁能说得清楚？

陆小曼和王赓婚姻的盒子里并没预存幸福，婚后的透支，必然消耗预设的假象。反倒是父母，仿佛仍然沉浸在无比的幸福之中，因为他们完成了一项惊天动地的“事业”，从此可以高枕无忧了。

有人说，爱情是婚姻的坟墓。问题是，这个坟墓里从来就没有存放过爱情，那么，这个坟墓也必然是空的。空坟墓，要么双双走进去，要么都不走进去，如果只有一个人走进去，不是煎熬就是疯狂。

陆小曼有令人羡慕的婚礼，但这并不代表婚姻幸福，因为这种幸福的场面不是她自己创造的，而是父母给予的。当她缘木求鱼般地索取爱情时，必然带来一场空前失落。

7. 王太太的空虚与寂寞

一场豪华的婚礼，断了多少公子王孙的念想。“王太太”这个称呼，是由少女转换为“他人妇”的标志。

有人说，女人有两个版本：一个是精装本，一个是平装本。精装本是给别人看的，平装本是给家人和丈夫看的。

精装本的王太太，需要继续保持名媛风采：打牌、听戏、跳舞、吃饭、聊天；穿时髦的衣服，买名贵的化妆品，出入坐车、乘轿；仆人伺候着，丈夫呵护着。她不能忘了舞池中那些绚丽的灯光、妙曼的音乐、弥漫的咖啡香气，以及那些倾慕的奉承和点头哈腰的迎合。她需要得到完全的尊重，像女皇，高高在上，颐指气使。任何一点有违心意的举动和场景，都有可能使她产生幽怨或长时间的压抑。矜持和高傲，使她不能放下架子，用普通人的生活标准来调和内心的缺失。是的，她必须这样做，因为她才二十岁，她仍未脱离少女般的浪漫气息。

平装本的王太太，首先是要做一名妻子。妻子要遵守三从四德，妻子要守妇道，她必须时刻以丈夫为中心，以家庭为核心，以子女为重心。她需要操持家务，侍奉公婆，相夫教子，接人待物，一切都要精打细算。

所有的一切，陆小曼都需要重新学习，慢慢适应，但是，她还没有准备好，还没有从昔日的闺房中走出来，还没有把公主的浪漫和天真从飞翔的云彩上降落到人间，降落到现实的每一个可操作的细节中来。

1923年，新婚一年后的王赓，已经是交通部护路军的副司令了，并于同年晋升为陆军少将。所谓好男儿志在四方，没有一点上进心和刻苦耐劳、持之以恒的精神，不可能得到升迁。或许陆小曼对此不以为然，但这正是她父母希望看到的，谁不希望自己的女婿如日中天、飞速发展、光耀门庭？谁不喜欢这样一位意气风发、忘我工作、奋发有为的青年将军？王赓既是军界的“明日之星”，也是陆氏家族的“希望之星”。

这样的人有一个缺点，那就是工作狂，严谨、刻板、不苟言笑，做事雷厉风行，令行禁止。身为少将，他手下的将领和士兵都在看着他，期待着他。作为一名留学多年、有进步思想的热血青年，王赓需以国家为念，以民族大义为念。儿女情长不是不要，而是在适当的时间和地点。潇洒和浪漫不是不要，而是要看周围的环境和氛围。休息不是不要，这需要等到法定的安排和上级的批示。

不想当将军的士兵不是好士兵，不想当元帅的将军不是好将军。如果说王赓有野心的话，那么，在中华民族危难关头，这样的野心正当其时。王赓后来的一系列军事行动，再一次证明了他抵御外辱、保家卫国的民族精神。

有了这样一位军人的丈夫，小曼的寂寞与孤独成为一种必然。

她的闺怨如墙头的小草，一天一天在寂寞地生长，她仿佛深陷泥潭，急切地期待有一只手将她拉出，并用温暖的双臂拥在胸前。

她每天做着孑然孤单的噩梦，醒来早已泪水涟涟。她想做一只小花猫，弓腰缩背地躺在爱人的怀里。她想要絮语，想在流星雨下相拥而眠……

花儿，寂寞无主开。

这样守着空房不是个办法。她需要走出去，她要交流，要释放，要领略。

打牌，是上流社会贵妇人的娱乐方式之一，美其名曰娱乐，其实也就是一种赌博。打大打小不要紧，要紧的是志趣相投，招之即来，来之能战。既可以联络感情又可以加深了解，还可以在牌以外促成很多意想不到的生意。

小曼似乎对打牌不太热衷，但身为太太，一旦有约，不参加仿佛说不过去。比如，她的干妈、舅妈就经常约她出去打牌。碍于面子，陆小曼只能违心地去参加她们的活动，回到家里又生抱怨。在日记中，她写道："赌——真是害人！摩摩，我希望我们将来一定不赌。我同你的生活必须要同人两样的，那些俗事我们绝不要加入。知亲打几圈牌是免不了的，牌九可千万不要来。"（1926年3月3日）

一位知识女性，和一群不学无术的贵妇人在一起玩儿，自然不会情投意合，所以小曼有时就静下心来学习画画，练习法语、英语，并不时请一些画家、翻译家来指导自己。

听戏也是一项极其重要的娱乐活动。秦腔、徽调、汉调、京剧，这些剧种都有上演。到了1921年，京剧逐渐盛大登场，领袖人物是梅兰芳。他当时只有二十七岁，却如日中天。流行的曲目也非常多，如《三国》《水浒》《黛玉葬花》《天女散花》等，有折子戏，也有连台戏。

陆小曼似乎更喜欢昆曲。除了看戏，她还能自编自演。

白天看完戏，到了吃晚饭的时候，自然有人安排吃喝。如果有男士陪同，当然就不用女士埋单了，如后来的胡适等社会名流，也以能邀请到陆小曼一起听戏、吃饭为荣。这是非正规性质的宴请，一般不太讲究。既正规又讲究的吃饭就是陪外国客人。当时的六国饭店、北京饭店就是专门接待外国贵宾的饭店，陆小曼会不定期地收到这类邀请函。

有头牌名媛参加的宴会，自然蓬荜生辉，客人高兴，主人荣幸，这是一种风气，有头有脸的大人物，请不到名媛作陪，岂不是面子丢尽而又大煞风景。不过，陆小曼的陪同和别的名媛不同，因为她懂英法两国语言，更主要的恐怕还是兼做翻译，毕竟那时候懂外文的人不多。一举两得，何乐而不为？小曼在后来的日记中也有记载，好像对这类宴请也很反感，虽勉为其难，还是要参加的。

跳舞自不必说，陆小曼很热衷。北京的夜场舞会通常是通宵达旦的。曼妙的身姿、娴熟的舞步、顾盼生辉的眼神，如果舞池中见不到陆小曼的身影，整场舞会也会逊色。不要说能和她跳一曲是一种荣幸，就是花钱买票亲自去目睹一番也是一件幸事。“就是中外女宾，好像看了陆小曼也目眩神迷，欲与一言以为快”，就更别说男宾了。

时间一天一天地流逝，手握大把的青春，激情与热力无限。如此周而复始地过，仿佛也能养成一种生活习惯，尽管有时感到矛盾和抗拒，可是不这样生活，又有什么别的好玩呢？

王赓每周按时回家一次。如果有更长的假期则另当别论。这一天，陆小曼是属于王赓的。该推掉的邀请一定得推掉，推不掉的如果硬要前往，发生争执也就无法避免了。

更要命的是，王赓回到家中，很少说话，他用沉默的宁静来换取休闲的愉悦。床笫之欢是短暂的，更长的时间需要更多的话题来支撑。

当王赓板着面孔，一言不发时，陆小曼看着他严谨的脸色，仿佛自己是一个做错了事的小学生，不时在自检中生出一丝丝恐惧。那恐惧，使她想立刻逃离，逃离这个家。其实，王赓心里什么也没想，他是爱陆小曼的，只是军人的习惯养成了这种性格。

对陆小曼日常的交际应酬，王赓虽然不反对，但是担忧和顾虑总是有的。

但他的劝告对陆小曼无效，如果被说得厌烦了，陆小曼对王赓最有效的回应应该是这样的："那你就别去上班了，整天陪着我好吗？"王赓必然无言以对。

这种拉锯式的热战或冷战必然使势态升级，各自的怨恨像慢性毒药一样在身体里潜伏下来，一旦病情加重，医治起来也就难了。

女人自有她的苦衷。你整天不在家陪伴也就罢了，但你不该干涉我的生活自由；你不关心体贴我也就罢了，人家出去散散心、交交友，你还横加干涉，这日子到底该怎么过？好不容易回到家里，不但不温存呵护，还老板着个脸，是我上辈子欠你的吗？凭我的相貌，难道找不到比你王赓强十倍的如意郎君？

王赓自知理亏，自己忙于事业，无暇顾及娇妻的感受。也罢，迁就就迁就吧，只要不做太出格的事情就万事大吉了。新生活，各顾各。

这不过是些肚皮官司，上不得台面，也无法向外人倾诉。日积月累，小曼心里早就苦不堪言，即使在父母面前也不能说出。

感情就像蜡，有越浇越厚的，也有越燃越薄的。

经常出入社交场合的陆小曼虽然楚楚动人，举止得体，温婉柔媚，但她心里非常明白，这是自己在强装欢笑。

在后来的《爱眉小札·序》中，陆小曼有一段自述："婚后一年多（我）才稍懂人事，明白两性的结合不是可以随便听凭安排的，在性情与思想上不能相谋而勉强结合是人世间最痛苦的一件事。当时因为家庭间不能得着安慰，我就改变了常态，埋没了自己的意志，葬身在热闹生活中去忘记我内心的痛苦。又因为我骄慢的天性不允许我吐露真情，于是直着脖子在人面前唱戏似的唱着，绝对不肯让一个人知道我是一个失意者，是一个不快乐的人。"

家庭，是一个不能讲理的地方，只有强势和弱势之分，没有谁对谁错。他们沿着各自的生活轨迹，艰难地前行。

陆小曼绝非传统意义上的女人，也非一般意义上的贵族太太。温水煮青蛙的日子太难熬了，她需要独立，需要自由，需要一场轰轰烈烈的爱。

8. 文坛新月

弹指一挥间，1924年的春天到来了。

这一年是陆小曼的婚姻和命运发生转折的关键性一年。面临这种转折的，不只她一个人。

还有一个人，同样处在矛盾而复杂的情感之中不能自拔。这个人就是一代情圣，大诗人徐志摩。

徐志摩（1897—1931），祖籍浙江省海宁市硖石镇。原名徐章垿，字槱森，又小字幼申。笔名太多，有南湖、诗哲、海谷、大兵、云中鹤、删我、心手、黄狗、谔谔等。现代诗人、散文家。因小时候有一个和尚叫志恢，摸过他的头，预言"此人将来必成大器"，其父望其早日成才，故在他1918年去美国留学前，为他更名为"志摩"，"志"含和尚法名"志恢"里的"志"。也有人说"摩"喻指唐代诗人王维，王维字"摩诘"，志摩，寓意成为像王维一样的大诗人。

其父徐申如，清末民初实业家。徐氏祖上世代经商，独资经营徐裕丰酱园。1897年，合股创办硖石"裕通钱庄"，后又开设人和绸布号，成为远近闻名的硖石首富。

徐志摩是徐家的独子、大少爷，公子哥儿一名。亲戚中，沈钧儒是他的表叔，金庸是他的姑表弟，琼瑶是他的表外甥女。

陆小曼和徐志摩的相识，还得从印度诗人泰戈尔访华和新月社说起。

“新月社”成立于1923年，是“五四”以来最大的以探索新诗理论与新诗创作为主的文学社团。主要成员有徐志摩、胡适、梁实秋、闻一多，还有余上沅、丁西林、陈西滢、林徽因、张君劢等。

这是一批有梦的青年，绝大多数都有留学英美的经历，彼此志趣相投，热衷文学，意欲在文学和艺术上开辟一条新路。

“新月社”的办公地址在当时的松树胡同七号一座花园的一栋平房里，聚会时热闹非凡，平时又十分冷清，除了徐志摩还是徐志摩。徐志摩经常在这里吃饭、看书、写字、会客、睡觉。尽管这个团队人数众多，但真正能够撑起一片天的只有徐志摩一个人，他几乎就是“新月社”的代名词。

另一个重要人物是胡适。胡适，著名学者、诗人，原名嗣糜，学名洪骍，字希疆，后改名胡适，字适之。安徽徽州绩溪人，以倡导白话文，领导新文化运动著闻于世。胡适和徐志摩都是梁启超的学生，是正宗的同门师兄弟，当然，也包括陆小曼的丈夫王赓。王赓在后来的师生交往中，认识了胡适、徐志摩并与二人成为好朋友。

胡适和徐志摩两人的关系一直很好，徐志摩和陆小曼的结识，也源于他的引荐，他后来极力撮合他们的婚事，成为他们的结婚介绍人。

梁实秋和闻一多都是20世纪上半叶的文坛大家，由于与本书无关，在此就不必赘述。但另一位女性则不得不提，她就是林徽因。

林徽因（1904—1955），生于浙江杭州，原名林徽音。中国著名建筑师、诗人、作家。代表作《你是人间四月天》《莲灯》《九十九度中》等，曾经参与人民英雄纪念碑和中华人民共和国国徽深化方案的设计工作，更因与徐志摩有一段刻骨铭心的爱情故事而引人注目。

1920年，林长民携爱女林徽因赴英讲学期间，与当时在英国留学的徐志摩他乡遇故知，彼此交谈甚为投机，来往密切。这种关系说来似乎有些复杂，林长民既是徐志摩的师长，也是良友，两人更像是一对好兄弟。

徐志摩当时有妻子有家室，却昏了头一般热烈追求林长民的女儿林徽因。年仅十六岁、青春烂漫的林徽因曾经有过动摇，却因为无法忍受自己对徐志摩妻子张幼仪的伤害抽身而退，跟随父亲不辞而别，回到中国。

其后，徐志摩与张幼仪离婚，又听说林徽因与老师梁启超的儿子梁思成定下婚约，于是放弃学业匆匆回国，不顾老师梁启超的劝阻，继续追求林徽因。

在林徽因的眼里，徐志摩只是她的好朋友、好兄长而已，她不忍伤害他，但也绝不会接受他。因为兴趣爱好，她也成为新月社的成员，经常参加各种活动，聊一聊相关感兴趣的事情。

总体说来新月社是徐志摩、胡适等人发起成立的一个新文化运动沙龙，也可以叫“名流俱乐部”或“海归俱乐部”。这里精英荟萃，群星闪耀，正如一轮新月，拱照大地。

泰戈尔来华讲学，名义上是梁启超主办的“讲学社”出面邀请的，实际上是徐志摩暗中恳请他的恩师出面发邀请函，由新月社具体策划组织承办，以徐志摩、胡适、林徽因等为首的新月社同人成为这次陪同接待的主角。

如此文坛盛典，这有陆小曼的什么事呢？名媛对社会公益事业的推动有责任和义务。不过，陆小曼这次并不是主角，她的工作是在5月8日这一天，在北京协和医院大礼堂门口，为泰戈尔庆祝六十四岁生日时，负责宣传、发放演出的说明书册子。

据一位叫赵森的人回忆："在礼堂的外部，就数小曼一人最忙，进来一位递上一册说明书，同时收回一元大洋。看她手忙脚乱的情形，看她那瘦弱的身躯、苗条的腰肢，眉目若画，梳着一丝不乱的时式头——彼时尚未剪发——斜插着一枝鲜红的花，美艳的体态，轻柔的喉咙，满面春风地招待来宾，那一种风雅宜人的样子，真无怪乎被称为第一美人。"因胡适与陆小曼较早之前就认识，经介绍，徐志摩就这样和陆小曼初次相识了。

盛会开始了。礼堂内座无虚席，灯光由强变暗，帷幕徐徐拉开。

朦胧中，一位婀娜少女的背影投射在舞台中央。幕墙上一轮弯月挂在星空，那流光，仿佛天外来客，簌簌坠入江河。远山黛绿，重峦叠嶂中释放出青草的气息。当聚光灯由暗变亮时，那位少女缓缓转过身来，清晰的轮廓立即映入观众的眼帘。只见她长发披肩，身着印度古典服装，慢舒双臂，凝目痴望，似奔月之状，又如虔诚膜拜。两波深潭，凝聚着所有的光辉；樱桃小嘴，羞展春日柔媚。裙底万顷波涛，云遮雾障。她，就是林徽因。

这开幕的造型，就是"新月"的徽章和标志，也是对泰戈尔《新月集》意境的再现。接下来，要演出的正是泰戈尔的戏剧《齐德拉》，公主齐德拉由林徽因扮演，徐志摩则饰演爱神。他们真实地再现了剧中齐德拉与爱神之间难以言状的感情纠葛和千丝万缕的幽怨情结，而剧中的预言性结局，正是徐志摩与林徽因两人的现实写照。

在台下某个角落，有一双会说话的眼睛，一直在默默地欣赏、静候，她无端的思绪融入了这巨大而震撼的场面，为林徽因的美貌和优雅柔美的气质发自内心地折服，也被剧中人物的命运深深地吸引。

她万万没有想到，剧中那位男主角将会成为她生命中的爱神，并走向曲折波澜的一生；她也不会知道，这之后的金秋八月，当再次和这位天才诗人徐志摩相遇时，那爱的火山就会立刻爆发出惊世骇俗的光焰。

自泰戈尔4月12日从上海登陆中国，到泰戈尔5月20日离开北京到太原，转道日本，一直都是徐志摩担任翻译，并一路张罗，热情接待，无微不至。无疑，泰戈尔在中国的生日晚会是这次活动的高潮。

林徽因也是这次泰戈尔中国之行的随行翻译。徐志摩、林徽因这对金童玉女一前一后，一左一右，与老诗人相携而行，真可谓一幅苍松竹海、小径溪流、鸟语花香的三友图。徐志摩多么希望这样美妙的时光一直走下去，一直与他心爱的人相伴终生。

泰戈尔访华是徐志摩追求林徽因的最后一次机会。泰戈尔听完徐志摩的感人故事后，也为之动容，他试图充当中国的月老，为他们撮合，但最终归于失败。在泰戈尔六十四岁生日演出后的5月17日晚上，林徽因找到徐志摩，做了一次倾心的长谈。

林徽因对徐志摩说，自己将于近日和梁思成一同赴美留学，他们之间的关系只能是兄妹关系，无法进一步发展成为恋人关系了。这对徐志摩来说简直就是五雷轰顶，是伤心欲绝的宣判。这么多年来，孜孜不倦地追求，夜以继日地思念，眼见得美人即将归附他人，不由得心如刀绞，万念俱灰。

梁思成的胜利的喜悦和徐志摩的失败的忧伤，构成五月火红的炎热。

生活仍将继续。5月20日，在陪泰戈尔离开北京去太原之前，徐志摩终于拿起笔给林徽因写了这样一封信，其中他说："我真不知道我要说什么话……这两日我的头脑只是昏沉沉的……离别！怎么的能叫人相信？我想着就要发疯，这么多的丝，谁能割得断？我的眼前又黑了。"

失恋的痛楚一直伴随着徐志摩陪泰戈尔到了日本，在日本逗留期间，他写下了那首温柔缠绵的佳作《沙扬娜拉》：

最是那一低头的温柔，

像一朵水莲花不胜凉风的娇羞，
道一声珍重，道一声珍重，
那一声珍重里有蜜甜的忧愁——
沙扬娜拉！

“沙扬娜拉”在日语里，即“再见”的意思。这首诗名义上是写给一位日本女子的，现在看来，不如说是写给林徽因的更为贴切。因为在赴日本前，林徽因才和志摩分手，这种心情在脑海中不会“一片空白”，他只不过借了日本女子的形体和仪态，道出了自己的心声。那是和林徽因的“沙扬娜拉”。

从日本打道回府的徐志摩又与张歆海一同上庐山避暑，并借此机会整理泰戈尔在华期间的演讲稿，8月中旬回到北京。

古人云，鱼与熊掌，不可得兼。1924年4月至8月的徐志摩，因泰戈尔的访华收获了名声，却失去了爱情。不过，生活仍将继续，诗歌不能停留，无论是新月社的活动、他的文学工作，还是命运的滚滚车轮。

9. 墙里春香墙外笑

除林徽因外，陆小曼、凌叔华、韩湘眉等一批新知识女性也陆续加入新月社的队伍中，她们也不纯粹是为了写诗作文，来感受这里的文化氛围和气息就好。

编排、表演戏剧更受欢迎，这简直给有表演天才和表现欲的青年男女提供了一个免费展示才华的机会和舞台。陆小曼凭着在圣心学堂培养起来的表演爱好，自然是欢天喜地，热烈拥护。在王赓闲暇的时候，她也会带王赓一起来参加这样的聚会。又因王赓和徐志摩都是梁启超的学生，彼此熟悉，有了陆小曼的介入，陆小曼与徐志摩的关系就日渐亲密起来。

徐志摩和张歆海送泰戈尔到日本，又从庐山绕了一大圈回到北京时，已经是1924年8月中旬。

他一头扎进他的大本营（新月社），仿佛人去楼空，一切都黯淡无光。就在这年的6月，林徽因和梁思成双双赴美，而他得从失恋的伤痛中振作起来。幸好，还有铁哥们儿胡适、张歆海、陈西滢等经常来吃饭、聊天，谈文学，谈人生。凌叔华和陆小曼也经常来这里。

情绪镇定下来以后，徐志摩就开始忙于主笔《现代诗评》和教学工作。一旦忙碌起来，他很快又恢复了诗人的激情与活力。

在徐志摩的导演下，陆小曼和他一起编排公益剧目《春香闹学》，剧中，徐志摩扮演老学究，陆小曼扮演俏丫鬟。这场戏两人配合默契，无懈可击，简直就是天衣无缝，两人皆大欢喜。徐志摩爱情的火花被再一次点燃，陆小曼似乎已经忘了她是有夫之妇。此后，他们频繁约见，狂热不已。

这年底，王赓应老学长温应星（中国首位西点军校毕业生）之召，参加中东铁路的警卫工作，出任哈尔滨警察厅厅长。他临行前，把陆小曼留在北京的娘家，还真诚地找到他的好师兄徐志摩，把陆小曼拜托给他，让他好好照看自己的妻子。对于徐志摩和陆小曼之间已经有恋情，他一无所知。

据后来陆小曼的侄孙邱权回忆："王赓他这个人太善良，他把所有的人想得都是和他一样的。所以他觉得自己没空，那么徐志摩是我的好朋友，那你正好可以帮我这个忙。把我太太精神上面的寂寞和空虚可以解决。"

这一拜托不要紧，王赓从此失去了自己的妻子。

王赓曾把陆小曼接到哈尔滨同住过一段日子，由于气候寒冷，加上没有北京繁华，陆小曼一度不习惯，不久就回到了北京。其实还有一个更重要的原因，那就是她已经爱上了徐志摩。

王赓得了这么个娇妻，要想控制住她有两个办法：一是小心翼翼地捧在手心，缠缠绵绵地含在嘴里，宠她发嗲，逗她展颜，事事迁就，处处忍让。

再就是“暴政”。陆小曼必须绝对服从，未经批准不得擅自走动。外出或在家请勤务兵看管着，以保护安全的名义。哥哥手里有枪，看哪个还敢胡来？陆小曼有天大的本事，还怕她插翅飞翔？

可王赓偏偏选择了第三种办法：空城计。

把陆小曼小心翼翼地捧在手心，王赓永远做不到，因为他是一名优秀的军人，捧在手上是奶油小生干的活儿。

实施“暴政”他可以办到，但他不愿意这样做。因为他接受的是西式教育，开放、民主、自由是他奉行的信仰准则，他不可能把陆小曼像犯人一样看管和监视起来。因为即使这样做，也不会得到真正的幸福。

王赓空城计的弱点在于，他的对手一眼就看出来城内没有驻兵。你在千里之外，如何及时驰援？更加让人匪夷所思的是，他还将陆小曼亲自拜托给自己的情敌照看。

徐志摩是个浑身充满艺术细胞的诗人，单身，正好扮演护花使者的角色。以他的闲散对陆小曼的闲散，彼此正合胃口。陆小曼理想中生活的情调和方式，也正需要徐志摩这种性情的人来配合。

据推测，陆小曼和徐志摩在1924年年底或1925年年初就已经越过红线，偷吃了禁果。

凌叔华曾回忆，1925年年初的一个晚上，她参加完新月社的聚会回家，在路上听别人议论起陆小曼和徐志摩在谈恋爱，当时感到非常惊讶，并及时为之辟谣，说他们“绝无背友背夫的事”。回家之后，她马上给胡适写信，将这一情况通报给他，并建议，如果真是这样的情况，建议胡适安排徐志摩出国，使他们尽快脱离这种违背伦理的罗网。

凌叔华（1900—1990），女，小说家、画家。原名瑞棠，笔名叔华、素心。广东番禺人。1922年就读于燕京大学，并开始在《现代评论》上发表小说。后寓居英国。

凌叔华出生在一个书香官宦人家，生活环境优裕。她有一双清澈的大眼睛，淡淡的柳眉横卧深潭之上，牙齿洁白，一张樱桃小嘴，稚嫩清纯得甜美舒爽。

在新月社里，徐志摩也曾给凌叔华写过很多信件，有暧昧的，有调侃的，也有说正事和朋友间转达意见的，如果没有陆小曼的出现，他们之间很可能发展成为一对恋人。但在新月社里似乎出现了僧多粥少的局面，除了胡适以外，还有一个人也在追求凌叔华，他就是被鲁迅先生骂得最狠的陈西滢。

因为徐志摩和陆小曼的事情已经暴露，凌叔华在与徐志摩这种云遮雾罩的暧昧中没有涉足太深，而是很自然地与陈西滢走到了一起。

凌叔华答应做徐志摩和陆小曼之间往来的通信员。这是兄弟友谊加红颜知己的待遇。

徐志摩曾给凌叔华写信说："我一辈子只是想找一个理想的'通信员'……最满意最理想的出路是有一个真能体会，真能容忍，而且真能融化的朋友。"

做"通信员"容易，不过是替他们传递一下情报，做红颜知己却很难。

红颜知己的条件首先是在精神上独立、灵魂上平等，相互倾诉、无话不说，包括自己的另一半的所作所为都可以尽情倾诉，彼此疗伤，彼此关心照顾，它游离于亲情、爱情、友情之外。徐志摩后来之所以把百宝箱交给凌叔华保管，也就不难理解了。他在旅欧前和旅欧途中给陆小曼的信中也提到凌叔华："最后一句话：只有S是唯一有益的真朋友""女友里，叔华是我一个同志"。这个"S"就是凌叔华。

时间苦短。陆小曼和徐志摩在1924年的冬天到1925年的初春，过得隐秘而幸福，他们沉浸在巨大而狂热的激情之中，像一炉通红的炭火，将他们的前世和今生照得通亮。面对古老的北京城，白雪纷飞，徐志摩诗兴大发，写出著名的新诗《雪花的快乐》：

假如我是一朵雪花，
翩翩的在半空里潇洒，
我一定认清我的方向——
飞扬，飞扬，飞扬——
这地面上有我的方向。

不去那冷寞的幽谷，
不去那凄清的山麓，
也不上荒街去惆怅——
飞扬，飞扬，飞扬——
你看，我有我的方向！

在半空里娟娟地飞舞，
认明了那清幽的住处，
等着她来花园里探望——
飞扬，飞扬，飞扬——
啊，她身上有朱砂梅的清香！

那时我凭借我的身轻，

盈盈的，沾住了她的衣襟，

贴近她柔波似的心胸——

消溶，消溶，消溶——

溶入了她柔波似的心胸！

这首诗的写作时间是1924年12月30日，发表于1925年1月17日《现代评论》第一卷第6期。雪花的快乐，就是徐志摩的快乐、陆小曼的快乐。

这样快乐的时光总是催人奋进，陆小曼也不会示弱，她的才智也要得到空前的发挥。这一年年底，在徐志摩的帮助下，她翻译出意大利戏剧《海市蜃楼》，也算是才女对才子的一种回应。

10. 多情自古伤离别

徐志摩说过："没有女人，哪有生活，没有生活，到哪里寻找诗、寻找美？我生来就爱美，美在哪里，在自然，自然中最美的是什么，是女人！女人是上帝最得意的作品。我不是神仙，对女人，我的爱慕有着情欲的成分，这个我承认，但更重要的是，那美丽女人的身上，寄托着我那'爱、自由、美'的理想。"

新月社里这几个男男女女，爱去爱来，有结果和没有结果都是一笔糊涂账。陆小曼是被男性追逐得最多的一位，徐志摩是被女性追逐得最多的一位。他们俩已然成为这个社和整个北平恋爱的中心。陆小曼的闯入，使徐志摩填补了与张幼仪离婚、与林徽因分别后难熬的时空，填补了他精神和肉体的空虚和寂寞。

流言四起，传到陆小曼父母的耳朵里，二老非常震惊，这件事不仅会影响家族的名声，一旦王赓知道了，很可能还会闹出人命来。

胡适和凌叔华等好友也劝志摩出国避避风头，一切需从长计议。经过商议，徐志摩终于放弃带陆小曼私奔的念头，以考察的名义独自游历欧洲。

临行前，徐志摩把一只皮箱交给凌叔华，请求代为保管，并戏谑地说，要是自己在国外发生什么意外，请将里面的日记和文稿取出来作为材料写传记或小说。

3月9日，也就是徐志摩离别的前一天晚上，陆小曼、胡适、凌叔华、张歆海、陈西滢、韩湘眉等人为徐志摩饯行，当晚陆小曼喝了很多酒，以致大醉。她舍不得志摩走，又不得不让他走。她心里有千言万语要对志摩说，但在此时此刻，一句话也说不出口。她只能在众人的谈笑与祝福声中，一杯接着一杯地喝。

唯有酒，能解忧愁；唯有酒，才是唯一诉说的对象。当她泪眼婆娑地与徐志摩略含醉意的目光相对的时候，她举起杯，独自一饮而尽，然后趴在桌子上，醒来时已经是3月10日的中午，下午还要到车站去给志摩送行。

饯行宴会后的凌晨3点，志摩睡意全无，他提起笔来给陆小曼写信。“龙龙：我的肝肠寸寸地断了……我现在不愿别的，只愿我伴着你一同吃苦——”随后写到劝酒喝酒以致大醉的情形，当时有王赓陪着，陆小曼的醉，徐志摩暂时还帮不上忙，既不能明着去安慰，也不能上前搀扶，他只能默默地忍受着，彼此心有灵犀地感应着，旁人也只可意会不可言传。小曼的醉，志摩心里明白，这都是为了他，而陆小曼在当时却说："我不是醉，只是难受，只是心里苦。"

志摩接着写道："龙龙，你不是已经答应做我永久的同伴了吗？我再不能放松你，我的心肝，你是我的，你是我这一辈子唯一的成就，你是我的命，我的诗；你完全是我的，一个个细胞都是我的。你要说半个不字，叫天雷打死我完事。"这些话，和他的诗一样，真是"浓得化不开"。他鼓励陆小曼，要向前走，勇敢些，看开一些，期待不久的重逢和美好的未来。

离别的时刻终于来临。北京火车站，人头攒动，陆小曼、王赓、梦绿等一行前来为徐志摩送行。

一阵嘈杂声过后，是开车前稍许的宁静，志摩从车窗探出头来，向大家挥手，随后又做了一个亲吻的姿势。陆小曼此刻既不敢看他，也不敢点头致意，仿佛一根木桩立在那里，任凭火车启动的汽笛声渐行渐远。

泪水就这样夺眶而出，她借助旁边爆竹的声音，一头扎进梦绿的怀里，借此掩盖她那痛哭失声的表情。

她的心思，不能让身旁的王赓有所察觉。她分明地感到，那车轮撞击铁轨的喀嚓声，像一把锋利的刀尖，正剜进她的心脏，血流了一地。这血又凝结在月色里，散发出抽丝般的疼痛，又仿佛自己的心从胸口飞出，不停地向前追呀追，他冒出车窗的头看不见了，他挥动手臂和亲吻的姿势看不见了，像一个梦被突然惊醒，泪水再一次情不自禁地流了出来。

从未经历过别离的陆小曼，第一次尝到了别离的滋味。

在回去的路上，王赓还不住地问她："你的眼睛为什么红红的？哭什么？"唉！真是一个糊涂的人啊！难道自己妻子的心思还不了解吗？

志摩走后的第一天，小曼陪着母亲进了一次广济寺。跨进山门，走进钟鼓楼，越过天王殿，再进大雄宝殿。因陆家在那里做佛事，陆小曼一直在寺里待到晚上。

她独自坐在石阶上，听着不断传来的念经声、木鱼声、撞钟声，似乎很嘈杂，却又井然有序。她交叉两手，仰起头看天上的月色，刚刚露出新芽，三月的春风自然有些暖意，但她丝毫感觉不到这样的舒爽。她在想那个远去的人，现在怎样了。

庭前石栏杆被月光照得那样雪白，墙脚的树枝把影子打到墙上和地上，像一群鬼魅的人影，不停地摇晃，一阵风从后背吹来，她不由得打了一个寒战。

摩摩，你走到哪里了，身上还冷吗？想到这里，小曼的眼泪又一次簌簌地流了出来。

离小曼不远处，几个和尚在那里放烟花。

她再一次陷入了沉思。人生不就像这烟花一样吗？点燃的一瞬，星空灿烂，然后很快就会熄灭，天空和大地再一次归于沉静。生命如此苦短，人活着究竟有什么意义？思念一个人不是甜蜜，反而更加痛苦。佛能为我超度吗，将来的路该怎样走？

想到这里，小曼的情绪不由得悲凉起来。她不知道爱志摩是对还是错，也不知道他们还能爱多久，更不知道志摩会一直真心地爱下去还是一时的心血来潮。但回想起志摩的种种言行和对自己无微不至的体贴、爱抚和关照，陆小曼又告诉自己，志摩不是那样负心的人。

这种感觉是她和王赓之间从来没有过的。她并不觉得对王赓有什么愧疚，王赓能给予她的不过是吃穿用度，他把自己当作一只花瓶，像一件摆设放在家里，回家的时候就欣赏一下，走了就什么都忘记了。他的事业永远比人重要，他不会像志摩那样悉心关照，知冷知热……

从广济寺回来的小曼，心里空荡荡的，每与人交谈，总是眼泪汪汪、唉声叹气的。面对眼前的王赓，她强装精神，假意欢笑，心里却时刻惦记着志摩的冷暖安危。

她开始按照志摩先前给她布置的任务，彼此用写日记的方式来记录离别后的感受，并使郁积在胸中的压抑和思念得到释放，在练笔的同时，也为日后的生活做好怀念的铺垫。这就是后来形成的《小曼日记》和《爱眉小札》。

1925年，王赓弃北走南，从哈尔滨转入孙传芳的直系军队，先后担任五省联军总部参谋长、敌前炮兵司令、铁甲车司令等职。在与蒋、桂军队的激战中他以一个旅的兵力独立支撑了几个月，直至孙战败为止。

陆小曼当然对王赓的去向和战果不感兴趣，她觉得和王赓近四年的婚姻，已经走到了尽头。她不愿意这样忍受下去，但又无能为力，一筹莫展。

人们说，爱情是毒药，吃了就跑不脱。陆小曼和志摩的暂时分离，并没能让他们的感情在冷却过后被遗忘，而是因为距离拉长，绵延成更加热烈的相思。

11. 一种相思，两处闲愁

爱情使文学的土壤更加肥沃。书信比蜗牛还慢，谣言却快如闪电。

春天，是恋人的季节，情人的季节。5月，小曼随一行人坐轿游西山，住大觉寺。

大觉寺也叫大觉禅寺或西山大觉寺，位于今北京市海淀区阳台山麓。寺庙坐西朝东，寺前沃野千里，平展开阔；寺后重峦叠嶂，青山绿水。寺内圣洁雅致，鸟语花香。其中八绝分别是：古寺兰香、千年银杏、老藤寄柏、鼠李寄柏、灵泉泉水、辽代古碑、松柏抱塔、碧韵清池。

寺前开阔地带和寺侧斜坡地带种植上千亩杏树，鳞次栉比，每到花季，漫山遍野，如大雪封山，或白或红，或红白相间，煞是壮观。文人墨客，每多流连于此。

清代词人纳兰性德写过《浣溪沙·大觉寺》，著名作家冰心和她丈夫吴文藻曾在这里的客房中度过了他们难忘的新婚之夜，俞平伯、朱自清、季羡林等文学大师也曾多次光临该寺。

“久在樊笼里，复得返自然”，小曼像飞出笼中的小鸟，在蓝天下自由地飞翔。那份挣脱桎梏、获得新生的喜悦，在她1925年5月11日的日记中做了细腻、深情的描述。

她说，他们一行十多人分别坐在轿子上，像一条蛇在崎岖的山路上蜿蜒地向上游。山路又陡又滑，轿子不停地左右摇摆，人也不停地随轿身晃来晃去，就像在大海里航行。她两只手紧紧地抓住轿杠，连气都不敢出。行至半山腰，看见漫山遍野的杏花，白茫茫的一片，误以为是下雪了。轿夫们笑她“真是城里的姑娘不出门，连杏花儿都不认识”，待到一块平地时，他们下轿，徒步沿小径向大觉寺慢慢移动。一阵阵微风送来扑鼻的芳香，“别有一种说不出的甜味儿”。她兴奋得手舞足蹈，一会儿向左一会儿向右，记不得来时的方向，仿佛在梦游一样。

小曼忘情地陶醉在大自然的怀抱中，这是她多年来从未有过的愉悦和舒爽。她感慨道：“这样的所在简直不配我们这样的浊物来。”

面对一尘不染的白，想到人间的污秽之气，她真想一气之下吐出那胸中积郁已久的幽怨。登及山顶，她看到群山起伏，延绵不断，杏花就像大海的波浪，溅起雪浪滔天。夕阳暖暖的余晖，照着斜坡上的几间茅屋，偶闻三两声鸡鸣犬吠，锄禾的农人缓缓晚归……

小曼贪婪地吸吮着，吸吮着这鲜甜可口的空气。她要用山花荡去舞池中的靡靡之音；她要借清风吹散酒桌上的油腻膏脂；她要把这里的紫气化作曼妙的音乐，定格在她童年的图画里。她在心里说：志摩，快回来吧，让我们奔跑吧，奔向这茫茫花海！

夜晚降临。亲友们早早地上床睡觉了。小曼独自一人走出寺门，来到那棵千年的银杏树下，月光透过叶子照在地上，像斑驳的麋鹿，又像佳人的靓影，那摇摇晃晃的形态，仿佛有欲说还休的心事。小曼遥望星辰，一个声音在对她说：

“龙龙，我的爱，等着我回来，从此再也不会分开。”

“今夜，通过月光的折射，大洋彼岸的我也感受到了你愉悦的气息。”

“摩摩，我要你在这里建一座茅草屋的宫殿，我们日出而作，日落而息。”

“摩，我的爱，这山、这水，这里的一草一木，都是我的最爱，这里才是我们理想的生活。摩，你快回来吧！”

小曼仿佛听见了云层里的笑声，看见了那张俊俏的脸，他一袭白袍，仙风道骨，迎风而立。他伸出一只手来，这只手从遥远的星辰出发，由远及近，由小而大，由短变长，伸向她，然后紧紧地抓住她的右手，使劲地往上拉呀，拉呀！飞翔至半空，突然，那只手松开了她，她感到身子在坠落、坠落，向无极的深渊滑去……

猛然一惊，小曼醒过来了，原来自己一个人在树下睡着了，刚才是做了一个梦。她下意识地低下头，看见自己的右手紧紧地握住了自己的左手，一身冷汗不由得打湿了衣襟。她放松了一下心情，环顾四周，幽静空寂，她把目光投向来时的路，此时仿佛一条幽深的小巷，在花丛的掩映下，是那样幽冷恐怖。此刻，如果志摩从路的那一头缓缓向她走来该有多好呀，他们将张开双臂，热烈地拥抱在一起。

桃红李白，杏花缤纷，落英无意，人间有情，古刹虽美，不可久留。

小曼既不能寄望于佛祖指明未来的道路，也不能长久地空守这份美丽的孤独。

这次春游，给小曼的心灵带来空前的洗礼。回到京城的她，虽然仍旧重复之前的生活，每天看戏、跳舞、打牌、陪酒、读书、绘画等，但她立刻觉得这是生活的游戏，一种浮光掠影的沉沦和堕落，这和山里的生活相比较，简直就是人间地狱。她越来越明白自己真正需要什么，什么样的生活才是她憧憬的未来。

夜深人静的时候，她甚至给自己营造好了生活的场景：同心爱的摩摩一起住进山里，花几千块钱买下一座杏花山，造几间茅屋，置几亩薄田，竹篱柴门，鸡鸭相向。屋前屋后，鸟语花香，田地葱郁，四季蔬菜水果丰盛。或手握书卷，或习字作画，闲来荡秋千，种草栽花；也可以竹笛悠悠，轻歌曼舞；还可以提笼架鸟，嬉戏追逐。两个相爱的人，执子之手，白头偕老。再也不用看别人的脸色，听无端的非议；再也不要违心地应酬，虚假地迎笑。可以忘记姓名，忘记年龄，忘记今夕是何年。

然而现实像一只铁桶，不断向她围过来。王赓也逐渐知道了小曼和志摩之间的地下恋情，他隔三岔五地回家一趟，有时候一住就是十多天，这期间，两人经常发生口角，甚至大吵大闹，关系越来越僵。后来，王赓和小曼的父母商议，决定带小曼一同到上海去居住，但小曼死活也不肯随王赓走，一气之下心脏病又犯了，住进了医院。

小曼的父母虽然心疼女儿，但依旧坚决反对她和志摩在一起，这不仅源于传统和道德的约束，在父母的眼里，王赓实在看不出有什么大的过错。相反，这样有事业心和追求进步的女婿，是他们求之不得的。很自然，母亲曼华和父亲陆定不停地劝说、劝诫小曼不要越过雷池，希望她和志摩的感情到此为止。这自然不会得到小曼的认同，她也不会听从父母的劝告，继续和志摩越过大洋，书信往来。

这期间，不但她自己病重在床，就连父母也被气病了一次又一次。他们劝她不要模仿小说中的人物，不要受那些虚构情节的诱惑，回到现实中来，和王赓好好过下去。

日子就这样僵持地过着。小曼在父母、王赓之间不停地重复拉锯战，随王赓南下又不肯，父母苦口婆心地劝导又不听，志摩又不回来，小曼陷入迷茫和恍惚之中。

志摩从离开的那一天起，就一直带着满腹的惆怅和无限的眷恋。他在旅途中除了吃饭和睡觉，就是提笔给国内的小曼也包括胡适等人写信，报告他的行程，另一方面，展开他的《爱眉小札》的记叙。

《爱眉小札》其实和小曼的日记一样，是没有发出的信件。主要是供以后见面时，两人彼此交换阅读，以回味当时的心情和感受，当然，也更具有纪念和收藏价值。

志摩这一次欧游，其实有三个目的。首先是为避免他和小曼之间的谣言，通过暂时的分离来淡化舆论，同时也可以利用这段时间来检验他和小曼之间的感情是否真的能够持久。还有就是留给小曼足够的空间和时间，让她和王赓之间来一个彻底的了结。了结之后，他再回国，彼此以单身对单身，岂不是水到渠成？这是主要原因。其次就是想借此机会完成他在剑桥大学因追林徽因急忙回国而放弃的学位。最后就是对已经离婚的妻子张幼仪和快要满三岁的儿子彼得多少有些牵挂。

不幸的是，徐志摩赶到德国，却没能听小彼得叫他一声爸爸。他的小彼得生病后住进一家德国医院，经治疗无效不幸夭折了。

这对志摩是一个巨大的打击，无论他和张幼仪怎样，儿子毕竟是他亲生的，天下父母爱子之心都是一样的，志摩陷入无比的悲痛之中。

在这期间，他发现张幼仪越发地独立、自信、成熟了。她再也不是那个依赖于他，委曲求全，看人脸色行事的张幼仪了，这让徐志摩心里涌起前所未有的敬意。他陪她一同出游、玩耍，一起交流探讨，心中却无时无刻不在挂念着陆小曼。

他不停地鸿雁传书，一方面给小曼打气，鼓励她坚强起来，要独立自主地生活，期待她和王赓之间有一个彻底的了断，另一方面又担心她的病情，是否在继续恶化，是否能够挺得住来自社会和家庭多方的压力。从小曼的来信中，小曼林黛玉式的发嗲呻吟和她快要顶不住压力的呼喊，更加使他心急如焚，坐卧不安，回国已势在必行了。

6月28日这一天，小曼在外面吃饭，同桌的朋友无意间带来了一条来自巴黎的消息，说志摩在法国，整天在舞厅跳舞，还和一位胖乎乎的法国女人同居。这是一个晴天霹雳，她心如刀绞，万箭穿心般疼痛，她在日记中说，听到这个消息，“好像一下从十八层楼上跌了下来”“完了，完了，一切完了”。

一场大病终于将本来体弱多病的小曼击倒。在胡适等人的建议下，小曼给志摩发了一封电报，催促他及早起程回国。

12. 来易来，去难去

病愈的小曼对那条来自巴黎的消息仍心存芥蒂。她想到自己为了和他的将来，顶住了来自父母的诸多压力，一拖再拖地顶住王赓要她南下的催促，现在已经到了不得不做出决定的时候，志摩倒好，反而在这个时候在外面乱搞女人，这简直是无法原谅的过错。一个在信上说得甜言蜜语、生死相依的大诗人，居然有着两面性的人格，男人没有一个是好东西。

小曼的精神防线开始动摇了。她想，你可以在外面胡来，我怎么就不可以出去跳舞呢？

“这个礼拜里北京饭店去了三次了，一去就有人同我跳，我亦穿绸衣了，为什么我亦不乐乐？他同她跳得起劲的时候，难道有我在脑里吗？”小曼在1925年7月11日的日记中这样写道。

这是一定的，小曼无论走到哪个舞场，怎么会没有人请她跳舞呢？为了志摩，她甚至拒绝了很多的宴请，素服在家，连绸衣也没有拿出来穿了，志摩怎么就不知道自重并珍惜这份来之不易的情感呢？日记中的这个“她”是指那位“法国胖女郎”。

小曼践行着一个女人特有的妒忌和报复行为。当然，仅凭一位“朋友”的口信，由此推断志摩的行为，在没有得到证实之前，多少还是有点太过臆测和武断。唯一能澄清事实真相的，是等到志摩亲自回来，看他怎么交代。

小曼白天和一帮朋友在外面尽情地玩，可一到夜晚，一个人独自面对黑夜，那孤独又会立刻袭上心头。她开始检讨自己是不是太任性了。志摩的影子始终挥之不去，一起排戏、一起探讨、一起演出的情景是那样美好，他热情诚挚的眼神，像一团熊熊燃烧的火焰，照彻自己曾经几欲干枯萎缩的心灵。

是他，激起了我重新寻找美好生活的勇气和决心，是他让我看到了未来的甜蜜和光明，志摩一定不是那样的人，他也许有难言的苦衷，他一定如我一样仍然深深地爱着对方。想到这里，小曼的心渐渐开始平复。

期待一个人的归来，是如此黯然神伤。

也许爱情的最高境界就是一种期待，也可能是永不相见的期待，就像两条平行的铁轨，在无限伸向远方的途中，彼此相望而永不相交。

王赓又来催小曼尽快南下了，这是最后的通牒。

天刚亮，小曼还在床上，父母就派人来请小曼赶快回去一趟，说家里出大事了。

刚跨进屋，小曼就见一大家人围在一起小声交谈，每个人的脸上庄重而肃穆，有几个人拿着一封信来回地看。原来是王赓催她即刻南下的信件。

信上说："如念夫妻之情，立刻南下团聚，倘若另有所属，决不加以拦阻。"意思是说，这次如果不去，就永远不要去了，口气严厉而决绝，像一道军令。凭小曼骄傲而倔强的个性，她立刻起了逆反心理。你王赓多大的口气，居然敢命令我。你要我去，我偏不去，看你能把我怎么样？她一面计算着志摩回国的日子，一面软磨硬拖地敷衍着。

母亲可不是吃素的人，她一眼就看出了女儿的心思。只给她一个星期的准备时间，然后立刻动身。嫁鸡随鸡，嫁狗随狗，妻子随丈夫乃天经地义之事，容不得半点敷衍。一气之下，小曼晕厥过去，一屋子的人这才安静下来。

经过一夜的冥思苦想后，小曼决定第二天去和父母做最后一搏，哪怕是死，也不愿南下。

她向他们陈述王赓对待自己的种种粗暴和羞辱，怎样没有共同语言和生活不和谐。比如有一次，几个朋友来约小曼一起出去跳舞，王赓不准她去，小曼也答应不去，可后来朋友一再相邀，不去的话会得罪朋友，无奈之下小曼答应出去，刚走到门口，被王赓开车路过看见了，王赓当着朋友的面大声训斥小曼不守诺言，这让小曼颜面扫地，非常尴尬。

但这一切都不是不走的理由，走的理由只有一个：夫唱妇随。

“如果非要相逼，我现在就死，反正去了也是一死！”小曼坚定地说。

“好的，要死大家一同死！”父母并无惧色，仿佛铁石心肠一般地回敬道。

小曼起身就要离开，随即又被众人劝了回来。二老的心又立刻软了下来，他们开始给小曼做工作，这次母亲随同南下，如果王赓还是像之前一样地待她，直接由父母出面和他离婚，不过这次一定要再给王赓一次机会。

不管好说歹说，小曼就是不肯应承。二老见此，早已泪流满面，伤心欲绝。要知道，离婚在家庭中是一件耻辱的事情，不要说父母，就是陆氏家族的亲戚朋友都会脸上无光，今后如何在世人面前抬得起头？与其说是一场婚姻之战，倒不如说是一场名誉之战。

二老几乎要给小曼下跪了，满屋子的人一片抽泣声。小曼终于软了下来，百行孝为先。二老年事已高，身体又不好，这么一急，非得都病倒不可。妥协，爱情再一次向世俗低头了。这是作为陆氏独生子女，此刻必须做的。小曼从小到大，都是他们的掌上明珠、心头肉，他们又何尝不理解女儿的心情，又何尝不希望女儿终生幸福美满，但嫁出去的女就像泼出去的水，后悔为时已晚了。各自心头的痛，只有让时间慢慢来平复吧！

诚如鲁迅在《呐喊》自序中写的：“假如一间铁屋子，是绝无窗户而万难破毁的，里面有许多熟睡的人们，不久都要闷死了，然而是从昏睡入死灭，并不感到就死的悲哀。现在你大嚷起来，惊起了较为清醒的几个人，使这不幸的少数者来受无可挽救的临终的苦楚。”小曼就是被围困在婚姻的铁屋子里的那个人，她看到了将死的悲哀，但无力挣扎，眼看家族的亲人们围拢的铁屋，在无声的沉寂中消灭了她刚刚萌芽的希望。

她向谁去呐喊来获得救赎，唯一的盼望就是等志摩及早地归来，哪怕是要做最后的永别，也要见上一面，倾吐这些日子以来的苦水和遭受的煎熬。

叛逆无效，小曼只好将这发生的一切，记录在她心爱的日记本里，以便将来志摩能够看到自己努力挣扎的痛苦。小曼觉得自己是一个没有希望的人了，志摩和自己不同，他有他的文学梦和他未来的前程，她试图收回自己的心，用柏拉图式的精神恋爱法，来终止一生。肉体是父母给的，现在需要还给父母，王赓需要也可以拿去，但灵魂是她自己的，谁也不能拿走，她要把唯一的爱的灵魂留给志摩。

可怜的弱女子，她是抱定了不能做婚姻自由的开拓者也要做包办婚姻的殉葬者的信心的。

7月下旬，志摩终于回到了北京。志摩的归来，并不能给他们的未来带来实质性的进展，只不过小曼能够得到一股强大的精神安慰罢了。解铃还须系铃人，只有陆小曼本人的决心和意志才有可能冲破这道牢笼。

“然而几个人既然起来，你不能说绝没有毁坏这铁屋的希望。”（鲁迅《呐喊》自序）

志摩综合分析了各方面的情况后，做出了这样的结论：“幸福还不是不可能的。”由于两人见面后，彼此倾心长谈，“巴黎消息”的误会也一一解除了，各自欢喜之余，发誓不再写日记的小曼又开始了她心路历程的记述。正如志摩所说：“这恋中人的心境真是每分钟变样，绝对的不可测度。昨天那样的受罪，今儿又这般的上天……”

在此后的8月，小曼还没有动身去上海之前这一段时间里，他们的恋情得到进一步的巩固，但也有一些小小的摩擦，这种摩擦或许是由个性和生活环境所决定的，这一点将伴随他们以后的生活。

徐志摩主张在生活上节俭，衣着要朴素，恨的是庸凡、平常、琐碎、俗气，他立志要做“物质的穷人，精神的富翁”；陆小曼在生活上就很奢侈，讲排场、虚荣、好胜心强，她不会只满足于做一个平常的女人，她既需要精神的滋润，也同时需要物质的供养；徐志摩鼓励小曼勤奋学习，踏踏实实做点事情，在艺术方面将来有所建树；陆小曼则趋于慵懒、矫情，学习上显得很被动，需要鼓励和鞭策。

单身的徐志摩回到北京，一方面回到他的新月社打点一些事务，联络分别多日的朋友，10月开始着手接编《晨报副刊》。另一方面，这期间他也耳闻目睹了小曼的种种生活习惯和行为，比如跳舞、应酬等方面，希望她有所节制，“你这无谓的应酬真叫人不耐烦，我想想真有气，成天遭强盗抢”，这使志摩每天为此焦心疑虑，并善意地规劝她要小心一些，要防微杜渐。“在恋中人也得提防小漏缝儿，小漏缝儿变大窟窿，那就糟了。”

睿智的志摩真是有先见之明，他有发现问题的判断力，但他缺乏解决实际问题的能力和手段，因为爱的“纵容”使他蒙蔽了心智，而小曼林黛玉式的眼泪、无法申诉的冤情和来自社会的指责和口水，都让人感到悲悯和于心不忍。唯一让她高兴的事，就是让她按照自己的意愿去做任何事情，并提供源源不断的支援。

小曼有时候像一个青花瓷瓶，显得那么脆弱和不堪一击；有时候像猫，显得那样温顺和善解人意；有时候又像一条蛇，表现得那样缠绵和冷艳；和志摩唯一相同的，他们是两只飞蛾，喜欢赴火。

诗人的徐志摩，自然会把“诗意的生活”奉为宗教。他的激情需要燃烧或释放，女人是他永恒不变的诗意主题，一旦失去了女人和美，他将颓然消沉，黯然失色。

他在8月19日的日记中写道：“须知真爱不是罪（就怕爱不真，做到真的绝对义才做到爱字），在必要时我们得以身殉，与烈士们爱国，宗教家殉道，同是一个意思。”

这是他对“真爱”的理解和诠释。

他是爱情的夜莺，他需要歌唱，并在黎明时分用玫瑰的刺，刺入他高贵的心脏，然后泣血而死。

1925年9月初，陆小曼和母亲一道从北京起程前往上海王赓的寓所，志摩闻讯也坐上另一列火车一直追到了上海。

两人约定，在车站、街上相遇，不要打招呼，要装作彼此并不认识，主要原因是为了避嫌，以免引起不必要的猜忌，当然，也是为了回避小曼的母亲。所以志摩一度非常痛恨小曼的母亲，说她母亲蛮横不讲理，气势汹汹，发誓将来有机会定要报复。

而徐志摩的父亲、母亲也同时抵达上海，并与志摩相聚。是父子约定了的还是真的巧合，至今无法考证。

在上海的志摩，急于打听小曼和王赓的情况，在无法忍耐中，居然亲自给王赓写了一封信，并亲自呈送至府上，王赓居然也出来和他相见了，且小曼就站在王赓的身后，两人只使眼色，但并不说话。

昔日的挚友，今日的情敌，在这样的场合见面，个中滋味，若非当事人，恐怕难以体会得到吧！

13. 那场功德林宴会

这里需要引出一位人物来，他就是现代杰出画家、美术教育家刘海粟先生。

刘海粟（1896—1994），名槃，字季芳，号海粟。祖籍安徽凤阳，生于江苏常州。擅长油画、中国画及美术教育。1949年后任南京艺术学院院长、上海美术家协会名誉主席、中国美术家协会顾问等职。他非常崇尚荷兰大画家凡·高。为人仗义执言，热情豪爽，人们习惯称他为“艺术叛徒”。

刘海粟在北京寓居期间，胡适、徐志摩和张歆海去看望他，在胡适的推介下，他们一起专程前去拜会陆小曼。以画家的眼光看，小曼的仪态风姿均符合美人的尺度，用美妙绝伦、光彩照人来形容，毫不过分。

一番寒暄之后，胡适接着介绍，小曼也会作画，并以同行相引。

“海粟，你应该收这位女弟子！”胡适趁机说。

“如果刘先生肯收，我就叩头了！”小曼不失时机地赶紧补上一句。

1925年8月，小曼正式拜刘海粟为师学习绘画。

既有师生之实、之谊，徒弟的婚姻出现了状况，老师岂有不帮忙的道理，何况他与小曼的父母又是同乡，志摩对他也很敬重，这关系自然就更近一层了。

志摩看准了机会，找准了这棵救命的稻草，他决定请刘海粟出面去说服小曼的父母。只比志摩大一岁的刘海粟想到自己也有过抗婚、逃婚的经历，为惺惺相惜见，欣然应允。

在刘海粟的劝说下，陆定夫妇终于有所松动，只是说王赓并无过错，他们也一直非常喜欢王赓，最关键的问题是人言可畏，以后怎么见人？

刘海粟晓之以理，动之以情，在权衡利弊关系以后，小曼的母亲终于答应，陪同小曼一起去上海找王赓商谈。自然，作为发起人的东道主刘海粟也一同赴约来了。

成与不成，总得一试。志摩自然欢天喜地，感激万分。

小曼一行抵达上海的第二天，志摩也赶过来了。

刘海粟扮演的角色，既是撮合，也是拆散，怎样有效运作，颇费了一番心思。他先选好了会客的地址，在上海的功德林饭店，然后又请出上海有名的人物前来作陪，王赓自然是主客，除小曼母女、志摩外，还有唐瑛和她的哥哥唐腴庐、杨铨（字杏佛）、李祖德、张君劢。

开席前有短时间的沉默。刘海粟经过酝酿，绕了很大一个圈子，他先谈人生与爱情，再谈婚姻与家庭，继而谈到自由恋爱与时代发展的趋势，最后导向夫妻、恋人之间的情感、志趣等方面的话题。这简直就是一篇青春励志的演讲稿，志摩、小曼与在座诸君都凝神静听，颔首默认。

王赓越听越觉得有些不对头，但他在一瞬间就反应过来了，这不正是在说自己和陆小曼吗？难道小曼和她母亲是专程到上海来找我商谈此事，而不是收到我催她们南下的信件后来与我团聚的？为什么徐志摩突然出现在上海，唐瑛等人仅仅是来赴约吃饭的吗？为什么是刘海粟来做东，他不就是一说客吗？自己与陆小曼的关系发展到今天这样的局面，究竟谁对谁错？

若说不离，小曼已经心有所属，婚姻名存实亡，今后的生活也会曲折波荡，没有幸福可言；若说离，四年的夫妻关系，自己对小曼还是有感情的，对她的爱一直有增无减，眼见得自己这个昔日的挚友，正干巴巴地在等自己的表态，岂不是太便宜他们了？

唉！想我王赓从小立志，奋发图强，披肝沥胆，以报效国家和社会，想不到由于自己的忙碌而疏远了小曼，以致让志摩钻了个空子，活生生地要从我手里来抢夺爱妻。想我堂堂一丈夫，凛凛一身躯，岂不让人笑话？

王赓反念又一想，目前时局动荡，战争连绵不断，身为军人，当以服从命令为天职，南征北战，随时都有开拔的可能，如何有闲情逸致来陪小曼。如此，若小曼和我仅披着夫妻之名的皮，再和别的男人行苟且之事，我王赓的绿帽子岂不是戴定了？罢了，先稳住局势，容后从长计议。

想到这里，王赓端起酒杯，对大家说："愿我们都为自己创造幸福，并且为别人幸福干杯！"这话有两层意思，如若和小曼不离，我们自己也会重新为自己创造幸福；如若和小曼离了，我们将会各自去寻找自己的幸福，当然也包括徐志摩。

平时谈吐风趣、能言善辩的志摩此时异常沉默。对于王赓的妻子小曼，他既不能明抢，也不能强要，更不好意思对王赓说，你把你妻子让给我吧？

席间的志摩显得局促而尴尬，他除了察言观色，就是低头吃饭喝酒，别人祝福与敬酒仿佛与自己无关，他只是被动地举杯，像一个随声附和、若无其事的闲人。

其实他内心何尝不想王赓痛快地来个一锤定音。他多么希望今天宴会有一个明确的结果，这是他苦心经营，劳苦奔波，日夜翘首所期待的。小曼就在眼前，只要王赓一句话，小曼立刻就是自己的了。

小曼和志摩此时的心情差不多，唯一不同的是，小曼更像个被告，在等待法官的判决。她的心里七上八下，她担心王赓以他军人的性格，会做出什么激烈的举动，会对志摩不利。她更担心志摩如果说话，不小心刺伤了王赓，会不会发生打斗。

眼前这两个男人都很优秀，因为他们都爱自己，居然引来如此巨大的风波，自己的决定是对是错？她希望王赓放了自己，原谅自己。

天下的母亲永远都会向着自己的女儿，即使女儿有再大的过错。

吴曼华对自己的女婿王赓抱有极大的愧意，当初的婚事也是经过她精挑细选的。王赓的确很讨他们二老的喜欢，只是小曼一意孤行，才会把这样的事情搬上桌面。陆母真是苦不堪言哪！

既出钱又出力的刘海粟，头一回做这等事情，他只能摸着石头过河。对话的平台搭建好了，该说的话已经说过了，这只能看他们自己的造化了。两肋插刀，也不能插进任何一方的心脏，让彼此受到更大的伤害。

宴会结束后，王赓推说有事，自己先走一步，叫小曼随母亲一起慢慢回去。

没有结果的宴会是令人头痛的，然而这一切才刚刚开始。

不过，这个宴会也是很有收获的，彼此面对面地挑明了，总比埋藏在心底好得多。要给王赓思考的时间和回旋的余地，这是必需的，买几斤水果都还要挑三拣四，何况这是婚姻大事。

一场不温不火的功德林宴会就这样结束了。没有出场的，还有同在上海的志摩的父母，也许，他们的心情比参加宴会的人的心情还要焦急。

其实志摩是何等幸福，为了他和小曼的事情，这么多的社会名流和朋友都来支持，年迈的双亲不辞旅途劳顿，也要前往一观究竟。

就在前一天，当他们母子相见的时候，母亲还摸着志摩的脸说，他比以前消瘦了。志摩看着二老，也明显比以前消瘦了许多。他们心里的怜和痛，在这秋日的上海能够得到抚慰吗？

刚刚住下，志摩就在房间里给小曼写信，这时父亲闯了进来。父亲斜过头来似乎想看，志摩感到怪不好意思，他把信纸卷了一半，不小心露出了信的抬头。父亲看到一个字“眉”，莞尔一笑，然后轻轻地拍了拍志摩的肩膀，倒剪着双手走出了房门。志摩说：“我爸真逗！”

这是血浓于水的感情，志摩是徐氏家族的独根苗啊！他嘴里说的话听起来很强硬，但从内心深处，哪个做父母的不心疼自己的孩子？

现在的情形在志摩看来，似乎越来越糟糕了。

宴会刚刚结束，似乎一切又重归于平静。志摩多次打探和催问，小曼说出了这样一句话：“除非立刻跑。”

言下之意，王赓不会同意和她离婚了，唯一的办法只有私奔。往哪里“跑”？志摩彻夜难安眠，他想到了大连这个地方。对！就“跑”到大连去。他立刻提笔给胡适写信，叫他帮忙联络。

信没有发出，志摩经过两天的思考，觉得太荒唐了。“逃跑也是一种妥协”，志摩暗自这样想，何况还有年迈的双亲大人，从他们的叹息和悲观焦虑的眼神里，志摩感到前所未有的忤逆和愧疚。逃得过初一逃不过十五，事情总得要面对。

王赓的沉默，使小曼陷入了绝境。她现在唯一的依靠就只有她的母亲。一方面她要争取到母亲的同情，和她结成“统一战线”；另一方面，她要给志摩心理安慰和预期的希望，她不能使志摩在感到绝望时，意志垮掉而放弃追求。当她和王赓一起与志摩见面的时候，她仍然在王赓的眼皮子底下，背过身给志摩两个飞吻。

王赓并不忌讳和志摩见面。他的将军气质，使他更增添了几分沉稳，他要看看这两个“相爱的人”究竟有什么办法让自己放弃。所以他和志摩象征性地握手并看他的时候，那眼神，仿佛愤怒而又鄙夷，仿佛高高在上而又胸有成竹。他既像一位商人要讨价还价，又像一位慈善家，要给予悲悯的施舍。他嘴角抽动着上扬，一丝幽冷的寒气直逼志摩的全身。他要看看，猫是怎样让一只耗子从他的眼皮子底下逃走的。

王赓的这些举动，使志摩产生了错觉。他误以为王赓明知他和小曼的恋情，似有故意容忍的感觉。他在1925年9月11日的日记中写道："这F可露透了，他真乏。他真甘心情愿，做开眼的第八，舍不得抛开你走，够了。""F"是王赓的代号，"开眼的第八"是说，自己给王赓戴了绿帽子，而王赓已经默认了，心甘情愿做王八。9月12日，在给胡适的信中也提到了这一点："F百二十分地愿意做'开眼'，百二十分顾忌。"志摩这样判断的理由如下：我和你妻子都这样了，你不吵、不闹，还和我见面，彬彬有礼，明显是装傻默认啊！

小曼在给志摩的信中，则显得更为简洁，画了一个大的蜘蛛网给他。其实这张蜘蛛网图并不难理解，小曼真被这张网网住了，无法挣脱。

看着自己心爱的女人和她的丈夫同床共枕，自己在窗外徘徊踯躅，那灯光熄灭之后，世界一片漆黑，这心情怎么可以一言以蔽之。

这一树残花，这半轮月——

我独自沉吟，

对着我的身影——

她在哪里呀，为什么伤悲，凋谢残缺？

是的，即便是残花、残月，志摩都不能拥有，他只能顾影自怜，独自伤悲。窗内的人儿或已熟睡，或者转辗难眠，她是否把我遗忘或者思念？

僵持下去于事无补。志摩的父母要儿子随他们一同回老家硖石居住一段时间，在回家的途中，游览西湖。

西湖的雷峰塔已经倒掉了，只剩下一个荒冢。青青的藤蔓环绕其间，周围瓦砾遍地，一声声秋虫鸣叫，在凄迷的烟雨中荡漾开去。这里是不是也埋着和他一样的情种？

他在一条长石椅上茫然地睡了。他梦见他的眉还在石壁里嵌着，他不停地挖呀挖，磨破了手指，鲜血淋漓，但还是挖不出来。他感到世界末日正在向他逼近，将死未死的颓然，正如这泓绝望的西湖秋水。

父亲慈祥地陪他划船，去采菱看山，不住地开导劝解他。志摩看在眼里，痛在心里，他没有回答父亲一句话，只是默默地聆听着，泪水抑制不住地往下流。这么多年来，父亲一直供养他读书、生活，和母亲一起抚养他的大儿子，视张幼仪如己出，自己年纪也不小了，还让父母为自己的婚事操心。他是否需要反思自己，为了所谓的自由、爱情，有必要走到众叛亲离这一步吗？等待需要耐心，耐心又能持续多久，恐怕韶华易逝，热情不再，行将就木之时也未能团聚，这不是给二老徒添伤悲而遗恨终生吗？

回到硖石老家后，他陪母亲同床睡了两个晚上，就像儿时一样依偎在母亲的身旁，他要找回那些逝去的光阴和母爱。9月16日，志摩给胡适去信，希望早日回到北京，投入工作。

小曼仍在上海，要想见面，已经无望。孤独的站台，一地月光，佳人从此不再。在这段时间里，志摩一共写了三首诗，其中一首：

红蕉烂死紫薇病，
秋雨横斜秋风紧。
山前山后乱鸣泉，
有人独立怅空溟。

14. 有情人的柳暗花明

“功德林宴会”后，小曼和母亲仍居住在上海。陆母的意图有两个，一是怕小曼和王赓不和产生冲突，为女儿提供保护伞，安抚小曼的恐惧心理。二是借机观察王赓的言行，如果真有如小曼描述的对她不好的情形，就会立即采取相应的措施。

果然，在不久后的一天里，因外出小曼与王赓发生冲突，王赓当着岳母的面对小曼施以粗暴的言行侮辱，母亲忍无可忍，随即带小曼回到北京。

陆母将上海之行王赓的种种表现讲给陆定听了。陆定不置可否，最后他说了一句：“我不管，你们自己闯的祸，自己收场！”小曼立刻转忧为喜，这不是父亲大人默许了吗？于是陆家达成初步一致的意见，同意小曼和王赓离婚。

志摩至9月下旬返回北平后，全力以赴主编《晨报副刊》，从10月起，他改版的第一期出刊发行，其中刊发有凌叔华的小说《中秋晚》，梁启超的《题宋石门画像》。

素有“我心匪石，不可转也；我心匪席，不可卷也”壮志豪情的志摩，在他感到绝望的时候，忽然得到小曼和王赓离婚这样一个惊人的消息，真是喜从天降，纵泪狂欢。

无独有偶，正在这个节骨眼上，王赓卷入一起军火生意被收监调查，后因白俄罗斯商人卷款潜逃的资金被追回，才免了牢狱之灾。在这样的情况下，王赓只得承认与小曼缘分已尽，同意与陆小曼离婚并办理离婚手续。

办完离婚手续后，王赓说了这样几句话：“小曼这种人才，与我真是齐大非偶的！”也就是说，像陆小曼这样的人才，门第太高，自己高攀不上的意思。

铸成此事的功臣除了刘海粟而外，还有一位大功臣，这位大功臣就是胡适。

小曼和王赓终于结束了四年的婚姻，上海的新闻媒体炒得不亦乐乎。以“王赓让妻，气度非凡。志摩娶妇，文德安在”这样醒目的标题在各大报刊转载。

如果没有王赓身陷囹圄之灾，或许势态进展没有这么快，所以各大媒体虽然炒得热闹，但对小曼和志摩的评价并不那么高，从头版头条的标题来看，似乎有乘人之危的嫌疑，说志摩“文德安在”。

11月中旬，志摩在给胡适的信中这样写道：“现在我与她正在蜜罐里浸着。”他同时请他们的老大哥出面在他的父亲面前疏通关节，求得父亲大人的原谅和支持。

而胡适本人在1925年，由于政治主张的不同，和陈独秀发生分歧，遭到强烈的指责、谩骂和讥讽。中国的青年开始抛弃胡适了。志摩知道胡适正承受着这样的压力，但他没有办法，还是和小曼“厚着脸皮”请这位老大哥出山。

1926年除夕前几天，志摩从北京经天津坐船到上海再转道回老家硖石去，此行的目的主要是接受父亲对徐氏家族财产的处理，另外就是找大哥胡适出面向父亲进言关于和小曼的婚事问题。

小曼自和王赓离婚后，发觉自己已有两个月的身孕了。孩子是王赓的，怎么办？当时小曼的表姐想带一个孩子，就去请求小曼的母亲，希望小曼把这个孩子生下来，由自己抚养，但陆母坚决不同意，说这样拖着个油瓶和志摩结婚，万万不可。

于是小曼和母亲瞒住王赓和志摩，悄悄到德国人开的一家私人诊所去做了人工流产。由于医疗条件极差，手术做得很失败，这给小曼留下了后遗症，不但不能再生孩子，而且严重影响夫妻生活。本来就多病的小曼从此又背上了一个病魔的包袱。

除夕夜，外面噼噼啪啪的鞭炮声此起彼伏，烟花一簇簇在漆黑的夜空绽放，家里人打牌的打牌，说笑的说笑，大家沉浸在一片欢快的喜悦中。

小曼独自坐在自己曾经的闺房，专注地看着桌上那一对红烛燃烧。过了今夜自己已经二十四岁了，再也不是一个小孩子了。想想曾经的天真烂漫，无限美好的憧憬，那是多么幸福。

五年前，同样是此时此地，面对同样的一对红烛，好像它理解了我的忧伤，微风拂过，竟潸潸地落下泪来。

同一时刻点燃的蜡烛到燃尽时，竟然有四五厘米的落差，出嫁后的四年里，年年如此，用人祥顺说，这是不祥的征兆，预示着和王赓不能白头偕老。但今年截然不同，同样的蜡烛同一时刻点燃，它们燃烧得一般整齐，最后同时熄灭。他们说，这是大吉大利的征兆。

小曼的心里不觉涌上一股热流。想到这几年的苦楚，真是历尽了劫难，连蜡烛也可怜我们这一对痴情的人。她想到了志摩，此刻应该在老家硖石了，他还好吗，和父母的交谈有进展吗？期望不会给我们的结合出更大的难题吧！

忽然，一股忧伤袭上小曼的心头，在这万家欢乐的日子里，自己却不能和心上的人一起度过。孤灯长眠，斯人不再，怎不叫人空寂哀叹！

远在上海和老家的志摩也没有闲着，经过十多天的酝酿，志摩父亲组织召开了一次家庭会议。这个家庭会议不亚于一次中央政治局会议，“会议决议”如下：

一、志摩父亲与大伯各占徐氏家业的一半，父亲名下的财产再一分为三，二老自留一份，张幼仪与阿欢一份，志摩与小曼一份。

二、徐父收张幼仪为干女儿，视之如己出。如果将来不出嫁，阿欢的那份财产由幼仪管理并抚养阿欢成人；如将来出嫁，在这份财产中，给张幼仪置办一份嫁妆，具体数目，由张幼仪开出，余下资产全部归阿欢。

三、与张幼仪的离婚公告，由张幼仪的哥哥张公权负责于近期登报声明。

从这份“决议”看来，老头子是费了一番心思的，有点类似于今天的婚前财产公证。不把阿欢的那份财产留出来，将来小曼和志摩结婚后，如果有子女的话，岂不是要打财产官司？先说断，后不乱，才好进行下一步的工作。

但这个分配法，还需要等张幼仪来了，签字认可才能生效。看得出，徐家二老对张幼仪是非常喜欢和呵护的，干女儿的地位不可动摇，阿欢也会在张幼仪的抚育下健康成长。实际上，幼仪仍然是徐家主事的人，只是称谓发生了变化而已。

财产的分割问题，目前似乎与小曼关系不大，她还没有与志摩结婚，权当有这回事罢了，这是二老的聪明处。而志摩与小曼最关心的还不是这个问题，要命的问题是，要让父亲大人同意两人的婚事，并迈出订婚这第一步。志摩接下来提出这样的请求后，父亲居然很爽快地答应了："那你这回回去就订好了。"

关于订婚的规格和标准，徐父主张从简，并根据志摩的建议，参照通伯和叔华的订婚标准即可。而媒人的选定，自然就是胡适了。

一切似乎都已经快熬出头了，志摩好不快活。他随即写信向小曼通报这个喜讯。

人生得意须尽欢，莫使金樽空对月。

小曼接到这个消息，真是喜从天降。她一边掰指计算着志摩的归期，一边同娘和好友出去听戏、逛街、购物，心里的石头总算落地了。

这还不够，她居然诗兴大发，在日记里写诗调侃志摩，说她写的"比大诗人徐志摩的诗好很多呢"！

哈哈！门外头跳进了一只鹤！
东张西望似只饿鸡！
满心来觅他的小乖乖！
来吮他饿了一个月的嘴！

是啊，这饿了一个月的鹤就要回来了，他要把那条龙一口吃下去。这个经常说痛、说愁、说烦的"林妹妹"居然也有欣喜、戏谑的时候。

在1926年3月7日的《小曼日记》里，小曼一连写了两首新诗，从写新诗的角度讲，这可能是她最早的诗歌作品了。当然，从现代新诗的写作技巧和手法上来看，仅仅是一些口水话而已。

北京的春天虽然比上海来得迟一些，但它还是姗姗地来了。

雪花慢慢收起它往年的泪妆，紫禁城檐角上的冰凌柱，在隆隆的枪炮声中，一截一截地坠落，那清脆的碎裂向大地发出尖锐的嘶鸣。春天，以它亘古的韵律，唱响祈祷的赞歌。

我是天空里的一片云，
偶尔投影在你的波心——
你不必讶异，
更无须欢喜——
在转瞬间消灭了踪影。
你我相逢在黑夜的海上，
你有你的，我有我的，方向；
你记得也好，
最好你忘掉，
在这交会时互放的光亮！

这首《偶然》，志摩写于这一年的5月，并于同月27日刊登在《晨报副刊·诗镌》第九期上，也是志摩和小曼合写的剧本《卞昆冈》第五幕里老瞎子的唱词。

是的，一切都是偶然。一个副词里时间分野的一瞬，却要用一生来偿还。

偶然来到人世的小曼，和王赓四年婚姻，偶然纠结的一瞬；和志摩的相遇，如悲如诉的偶然的一瞬，以及那肚子里两个月大的孩子和流星雨般坠落的梦境偶然垂泪的一瞬。

偶然来到人世的志摩，和张幼仪同床异梦，分道扬镳的偶然的一瞬；和康桥相遇，遗恨终生的偶然的一瞬；和叔华貌合神离，无中生有的偶然的一瞬；和小曼前世姻缘，偿还孽债的偶然的一瞬，以及那些爱他的和他爱的，无法言说的偶然的一瞬。

这片云曾经有意无意地使你心神荡漾，那不过是梦一样从你的心房路过，惊奇也罢，欢喜也罢，在时间匆忙的脚步声中，瞬间就会消失得无影无踪。

还有那些不应该的相逢，就像在黑暗中航行的帆船，各自寻找着自己的方向，该走的已经走了，该来的必然会到来。

这偶然交会的光芒，只是黑暗的一丝微光，很快就要被黑暗再次弥合。

偶然，值得一生拥有。而由偶然走向的必然，是必然对偶然完美的注脚。

15. 不被祝福的婚姻

1926年，小曼和志摩终于迎来了他们人生的新起点。

这一年，张歆海去了南京的国立东南大学；凌叔华和陈西滢也在年初举行了订婚仪式；林徽因和梁思成旅美未归；张幼仪也从北京到了上海；胡适于7月去了美国。

爱过的，恨过的，错过的，各自都有了归宿。

昔日在京城聚会的好友就这样分离了，新月俱乐部人去楼空，也不复往日的热闹繁华了。小曼和志摩似乎有一丝丝眷恋的失落和无可奈何的伤感。

当前的紧要大事，就是订婚和结婚。7月初，志摩再次返回硖石，又随父上了庐山。游玩不过是一个过程，志摩这一次回家比上一次更加重要，他要和父亲谈，父亲也要和他谈：真正的婚姻大事。

经过多轮磋商，徐父提出三个条件：一、结婚费用自理，家庭概不负担。

这个说法似有待考。9月12日，志摩在致胡适的信中说：

“爸爸前天来电：‘余因尔母病不能来，幼仪事大旨已定。尔婚事如何办理，尔自主之，要款可汇。’”

这个电文应该理解为：结婚时志摩请父亲和母亲一同来北京，父亲不愿意来参加，以母亲有病加以推辞，尽管张幼仪对于财产分割的协议和志摩结婚的意见，还没有签字认可，但现在大概的意见已经确定下来了。你自己的婚事，自己操持办理就行了，需要钱的话，老子给你寄来。

其实，真实的徐申如是非常爱志摩的。父子第一次在上海相遇，徐父还故意要看志摩写给陆小曼的信件，并和志摩半开玩笑地说：“谁要看你的信件？”

父母相视一笑，互递眼色，其情何其融融。父亲轻轻拍志摩的肩膀不说，还始终陪他游西湖散心，挽留他在老家多住几日，不肯放他走。以至于志摩写信求救于胡适，叫胡适写信来，假装催他回京有事，借故逃脱。

第二次回硖石，上庐山，一连二十多天，父亲还是一再挽留他多住几日。并且这次回老家，父亲已经着手打造他们婚后回来居住的新房了，投资自然不会很少吧？

独生儿子再婚，徐申如当然舍得花钱。仅凭志摩教书那点工资和稿费收入，无论如何也承受不了这么巨大的开销，比如游历欧洲，追小曼东奔西跑，游山玩水，请朋友吃饭等。

背后的财神爷是他老爹徐申如。没有父亲的经济基础，就没有徐志摩理想中的上层建筑。有人认为徐父在对待志摩和小曼的婚事上，不愿意花钱，这不符合情理。

徐父提出第二条：婚礼必须由胡适做介绍人，梁启超证婚，否则不予承认。

第三条：结婚后必须南归，安分守己过日子。

这后两条虽有难度，但还是能够办到的。

小曼和志摩多次谈到，希望订婚和结婚的时候，二老能来北京参加。也希望二老能提前来北京，和小曼的父母见见面，共同商议儿女的婚姻大事。

但徐家二老终未成行，其原因还是面子问题，结婚又离婚，再结婚，是一件不光彩的事情，说得严重一点，就是“家门不幸，有辱祖宗”，能够同意他们的婚事已属不易，再要来抛头露面，参加婚礼的话，二老的尊严、威信和颜面何存？这是对电文中“尔自主之”最好的诠释，而不是自己筹钱，自己结婚。

订婚的日子选在阳历8月14日，农历七月七日。

地点在北海董事会的画舫斋。

画舫斋别名水殿，坐落于北海东岸，是清代行宫建筑。主体建筑坐北朝南，中间是一个很大的方形水池，四周回廊雕梁画栋，深邃幽静。

这里南接濠濮间，北邻蚕坛，隐藏于土石山林之中。

东西为“镜香”“观妙”二室。东北角的古柯庭，庭前有一棵古槐树，状如华盖，浓荫蔽日，繁茂葱郁，树龄已达千年。

“画舫斋”三字是乾隆皇帝的御笔手书。慈禧太后也非常喜欢来此游乐并用膳。

整座建筑布局精巧，雕工细腻，色彩古朴，婉转迤逦，八国联军的法国军队曾将司令部设在这里，到北洋政府时，设北海董事会。

这样的皇家园林，平时一般不对外开放，所以显得格外清新雅致。但七月七日这一天，因徐志摩和陆小曼订婚地址选择在这里，又突然平添了几分热闹。

这一天来宾有七八十人，个个装束严谨，举止优雅，谈吐风趣，他们是：梁实秋、杨今甫、丁西林、任叔永、陈衡哲、陈西滢、唐有壬、邓以蛰、叶公超等人，其间伴有许多贵妇、小姐、侍女。酒席也一并安排在此。

席间，这拨好哥们儿都喝了很多酒，有人赞美这对才子佳人、牛郎织女相会是天作之合，也有人对小曼暗地里悄声议论讥讽，说王赓这么好的条件，待人真诚，事业有成，小曼居然不守妇道，红杏出墙，以至于此。

订婚必然要有订婚信物。林语堂和廖翠凤结婚时，一把火烧掉了“结婚证”。鲁迅先生送给许广平的是一个指头大小的“银元宝”。志摩送给陆小曼的订婚信物，是《爱眉小札》。

是的，就是《爱眉小札》。

这件信物新颖别致，不同凡响，它是他们风雨同舟、历经磨难的见证，也是他们自由结合、憧憬未来的启示录。反之，小曼送给志摩的信物自然就是《小曼日记》了。

唯一的遗憾是，这么有纪念意义的场面，志摩的父母没有来，他们的“大功臣”“恩人哥哥”胡适没有来。

结婚的日子是小曼父母看定的：孔子生日，农历八月二十七日，过此九月不宜，须至十月。也就是说，如果八月不结婚，那么就要多等两个月到十月才有吉日了。

小曼这一方自然是越快越好，夜长梦多的事情不是不可能的。但于志摩来说，时间上显得特别紧，一切都还没有安排妥当。

硖石老家正在修造新房，北京这边至少也要安排一个临时的新窝。他每天要到学校去上课，只有星期天才有闲暇时间。这段时间，志摩忙得晕头转向，新月社也由于胡适出国无人打理，《晨报副刊·剧刊》上那篇《剧刊终期》也只写了一半。但无论如何，结婚是头等大事，新月社垮了也就让它垮吧！

1926年10月3日，农历八月二十七日，还是北海公园的画舫斋，一场盛大隆重、别开生面的婚礼就要开始了。

这场婚礼的形式和风格，完全按照西式婚礼的模式来布置，一切旧式的规矩和礼数全部取消。这和这对新人的生活畅想、浪漫情趣完全吻合。

结婚这天，小曼一袭白色婚纱，这象征她和志摩纯真的爱情，头戴自己设计的兼具欧洲风情的头饰，圆形的图案点缀额前，似日出东方，金光灿烂，又像众星捧月，光照流连。一双大大的眼睛，含蓄而幽深。

志摩则身着深色西装，白底衬衣花领带，黑色皮鞋油光锃亮。幸福的目光透过圆形金丝眼镜，折射出无与伦比的快乐。来宾两百余人，其中大部分是新月社的好友和社会上经常往来的朋友。

这些人文化层次都比较高，不是文化名流也是社会贤达。一群高雅的人配上如此富丽堂皇、庄重肃穆的婚礼现场，虽没有皇家婚礼的气派，也没有巨贾婚礼的奢侈，更没有下里巴人婚礼的庸俗，但在这样一种西式婚礼氛围的笼罩下，的确给人以清新脱俗，耳目一新之感。

闻一多等文朋诗友挥毫泼墨，也给他们送来了结婚贺词。

在主持人的引导下，婚礼正式开始。首先由新郎和新娘相互交换了一块汉玉，接着梁启超像一位西洋牧师，开始为他们证婚。

“志摩，你是自己愿意，并且得到父母之命，与陆小曼结婚的吗？”

“陆小曼，你是自己愿意，并且得到父母之命，与徐志摩结婚的吗？”

待二人分别点头说“是”以后，梁启超说：“很好，我可以替你们做证婚人。”梁大师说了一些场面话以后，突然话锋一转，开始批评和教育起小曼和志摩来了。

“我来是为了讲几句不中听的话，好让社会上知道这样的恶例不足取法，更不值得鼓励。

“徐志摩，你这个人性情浮躁，以至于学无所成，做学问不成，做人更是失败，你离婚再娶就是用情不专的证明！

“陆小曼，你和徐志摩都是过来人，我希望从今以后你能恪遵妇道，检讨自己的个性和行为，离婚再婚都是你们性格的过失所造成的，希望你们不要一错再错，自误误人。

“不要以自私自利作为行事的准则，不要以荒唐和享乐作为人生追求的目的，不要再把婚姻当作是儿戏，以为高兴可以结婚，不高兴可以离婚，让父母汗颜，让朋友不齿，让社会看笑话！

“总之，我希望这是你们两个人这一辈子最后一次结婚！这就是我对你们的祝贺！——我说完了！”

当时在座的人，听了之后，无不大惊失色，一场喜庆的婚礼，夹带上老师在课堂上训斥孩子的口吻，着实让人有些不适应。

志摩显得十分尴尬，又不得不面带微笑恭敬地应承着。小曼呢，她反而没有什么反应，好像在装糊涂，或许她正沉浸在自己的幸福中，别人说了些什么，她根本就没有什么心思去听，或许即使听到了，也不觉得意外，因为在这之前，他们受过比这还要厉害的非议，当两人已经走到一起的时候，再说这样的话，有什么新意吗？

梁启超也在小曼结婚后的第二天给他的儿女写信，谈到了这件事。他说他是极不情愿去为志摩和小曼证婚的，迫于胡适和张彭春的苦苦说情，才不得已而为之。他极力反对结婚又离婚之后再结婚这种有悖常伦的不道德行为，他痛惜他的弟子“太可惜了”，或许为了“那个人”将来“或者竟弄到自杀”的境地，而这不过是苦口婆心的劝诫罢了。

和订婚同样遗憾的是，志摩的父母没有参加他们的婚礼，好哥们儿、媒人胡适因正在欧美公干也没有出席。

据说，小曼和志摩结婚的当天，王赓还派人给他们送来了贺礼。如果属实，也足以证明王赓的为人和品质。

所有的屈辱和煎熬都是值得的，所有的坚持和努力终究得到了回报。这是他们的幸福，也是他们的不幸。

站在现代人的角度来看，离婚和再婚，不过是小菜一碟，家常便饭罢了，而在20世纪的20年代，这样的婚姻在面对千夫所指的病诟中，能够顽强地坚挺过来，实在是让人感动。

16. 那一段神仙日子

如果说梁启超的证婚具有严肃认真、极具关爱而又情非得已的表演性质，那么胡适则是牵线搭桥的幕后英雄。

1926年夏天，志摩原本是要胡适做证婚人的，无奈胡适7月要随中国代表团去英国伦敦参加中英庚款咨询委员会全体会议，次年初才能回国，所以胡适就把证婚这件事情推到梁启超那里，梁启超在权衡利弊后，才勉为其难地答应了。

除了开会，还有一个特别重要的原因，那就是胡适夫人江冬秀的阻挡。有江冬秀的反对，即使胡适不出国，可能也做不了志摩、小曼的证婚人。一则江冬秀早闻陆小曼和胡适有绯闻，二则胡适先后和康奈尔大学某教授的小女儿韦莲司、同乡小妹曹诚英也有过绯闻。

从江冬秀的角度讲，这些知识分子没有一个是好东西，她看不惯胡适这一帮知识分子朋友，当然也包括陆小曼、徐志摩，就更别说做媒证婚的事情了。胡适出国临行前，江冬秀还当着很多人的面大骂胡适，顺便也带上了志摩和小曼，她威胁胡适，如果他去做这个媒为他们证婚，就把胡适从婚礼的台上拖下来。

胡适的确是在妻子的监视和朋友的恳求中左右为难，但友谊和道义还是让他背着妻子为志摩和小曼做了很多有益的事情。在志摩和小曼的心里，胡适的地位比亲大哥还要亲，比大恩人还要大恩人。

小曼和志摩婚后第九天，也就是10月12日，双双离开北京抵达上海，住在福煦路四明村，等待家乡硖石的新房子建造完工，再举行一次传统的婚礼。

来到硖石老家后，小曼和志摩住进了刚刚落成的新宅，也就是现在的“徐志摩故居”。新宅从父亲徐申如同意志摩和小曼的婚事开始修建，总建筑面积六百平方米，分前后两进，主楼有三间两层，前面一进东西两面带厢楼，东厢房为“眉轩”，即徐志摩书房。后楼三间，屋顶设计有露台，共二十余间，有冷热水管、电灯、浴室等设施。它是一幢中西合璧的小洋楼，志摩深爱至极，他称其为“香巢”，也是志摩和小曼的“爱巢”吧！如今的故居门庭上有志摩表弟金庸的手书题匾“诗人徐志摩故居”几个大字。

老宅是相对于新宅而言的，老宅是志摩出生的地方，二老居住于此。志摩曾经在老宅度过了他的童年和少年时期。

新宅也可以称为当时的“豪宅”，徐父倾注了大量的心血，而室内的装修，包括床、衣橱、梳妆台等一切用具的选定和摆设都是志摩根据小曼的喜好来安排的，整个主题围绕一个“爱”字来展开——“浓得化不开”的“爱”。

关于志摩和小曼在硖石举行的传统婚礼盛况，只能从徐志摩写给张慰慈的信中略知一二：“单说磕头就不下百次，新房里那闹更不用提。乡下人看新娘子那还了得，呆呆的几十双眼，十个八个钟头都会看过去，看得陆小曼那窘相，你们见了一定好笑死。闹是闹，闹过了可是静，真静，这两天屋子里连掉一个针的声音都听出来了。”

一对新婚夫妇，天天度蜜月。曾经的焦虑、恐惧和担忧都随之烟消云散，隐居式的田园生活，让小曼沉浸在无比甜蜜的幸福之中。在这段岁月里，志摩利用闲暇，以《眉轩琐语》记录了他和小曼的蜜月痕迹，写了一篇小说《家德》，编完《诗刊》第二期。

硖石虽说是一个镇，但在古时曾先后是长水、由拳、嘉兴、盐官等县的县城，直到唐永徽六年县城南迁，才改名“硖石”。“硖石”取其“双山夹水”之意。明朝诗人高启有诗描述道：“硖石颇奇怪，长河出连山。绝壁两岸开，行舟过其间……”这个地方推窗见山，出门遇桥，依山傍水，宁静悠闲。有肥蟹，有红叶，有舟楫，有流水，有鸡鸣，有犬吠。

初到硖石的小曼，感觉一切都是那样新鲜而好奇，一切都是那样恬静和舒适。宽大的欧式双人床，粉红色的帐幔垂落其间，白色的衣橱、梳妆台，一尘不染的镜子，橘红色的台灯，温馨浪漫的浴池和盥洗间，还有那毛茸茸的波斯地毯。木质地板朱红漆，楼阁旋转，古色古香。

这里既没有京城人潮涌动的喧嚣，也没有迎来送往的打扰；既没有歌厅曼妙音乐的萦绕，也没戏园之外牌九的吆喝。

推开窗是阳光灿烂，群鸟啁啾，关上门是空灵静寂，遐思飞扬。可以白天睡懒觉，没人敲门催促；可以挑灯夜读，唯有星瀚窗月相伴。

这不正是小曼游大觉寺看到漫山遍野的杏花，半腰山上两三户人家，日出而作，日落而息时所期待的梦想吗？志摩隐居于此，从此著书立说，小曼左右相伴，情投意合，这比掉到蜜罐里还要甜蜜。

“只要能爱就要爱个够。”志摩的书房取名“眉轩”，这“眉”也仿佛数九严冬的梅，虽没有北国的皑皑白雪作为铺垫，但一定有南国晨风的暗香。

志摩此刻不想做官，不想发财，不想上天堂，他唯有守住现在，守住现在的每时每刻，分分秒秒。他要时光静止，流水静止，生命静止，保持现在进行时，他只要看着他的眉，守着他的眉，其余的，见鬼去吧！

小曼说，快乐忘忧、忘情、忘形、忘事。志摩可不这么认为，快乐可以写诗，做文章。安静出佳作，他要把蜜月时光里的点滴记录下来。

不过，静下心来，小曼和志摩有时候也会回忆起过去的种种不快和伤感：那些赞成的朋友、反对的声音、不置可否的言论，以及林林总总的羡慕嫉妒恨。小曼和志摩相信，这辈子日子还长着呢，“只要你我有志气，有意志，有勇敢，加在一个真的情爱上，什么事不成功，真的”。

蜜月是短暂的，相爱的人在一起又何尝不是天天都在度蜜月，蜜月就是日常生活，日常生活就是蜜月。

志摩的二老也曾搬来新宅居住过一些时间，据说，张幼仪也随同二老来居住过。在这个合伙的大家庭里，小曼的介入也给徐氏家族带来了不小的震动。

小曼是大城市姑娘，从来没有在乡下居住过，她的言行举止，二老自然有很多地方看不惯，加之本身对小曼也抱有成见。小曼的吃穿用度什么都要高档的，徐申如尽管不缺钱，但他作为一个生意人，还是很节俭。俗话说，越穷越大手大脚，越有钱越小气吝啬。小曼花钱不计成本，这让徐父心里非常不痛快。

在生活习惯上也有诸多不合。小曼养成了上午睡觉，下午起床的习惯，晚上一阵风，兴奋异常，这也是生意人看不惯的。早起的鸟儿有虫吃，一日之计在于晨，这既是勤勉的励志话，也是常人生活的轨迹，唯独小曼与别人不同。

还有让人不忍直视的举止，小曼经常当着二老的面，要志摩亲吻她，吃完饭要志摩抱着上楼，出去散步也是搂着、抱着，这让二老情何以堪?

据说，徐父曾打算让小曼打点生意上的事情，让她管账、管钱。小曼虽然有文化，但她居然不会，这让徐父极其失望。在徐父的眼里，小曼和张幼仪的差距立刻就显现出来了。二老一气之下，收拾金银细软，一溜烟儿跑到北京去和他们的义女张幼仪一起生活了。

在小曼的眼里，二老北上，和张幼仪结成联盟战线，是对自己愤慨的公然表达，这说明自己还立足未稳，地位还远不如张幼仪。她自己也曾经说过爱屋及乌的话："因为既爱摩，亦顺爱他父母，同时我亦希望二老亦爱我。我受人的冷眼亦不少了……"

这些话是志摩致胡适的信中，小曼在信的末尾添加上去的，她是希望今后一家人能够真正地快乐、和睦、友爱。但在二老的心目中，她依然是个蹦蹦跳跳不懂事的小孩子，不能得到应有的重视和尊重，这是她不能容忍的。

小曼的性格，绝对容不得别人对她的漠视和轻慢，在她的生命里，骄傲的气质，从圣心学堂开始，一直支撑她走过了这么多年，就连受了自己亲生父母的怨恨和责骂，她也不会屈服，何况这是另外的一对父母？他们爱志摩，难道就不应该爱儿媳吗？凭着小曼的任性，是绝不会依从的，但转念一想，自己爱摩，是要和摩生活一辈子，而不是和他父母，如若僵持局面，必然是志摩夹在中间难受，这不反而使自己和志摩过得不愉快吗？

小曼的身体原本就不能怄气，一怄气就会老病复发。在这样纠结的心态下，没过多久，小曼得了肺病，一直调养了一个多月才逐渐恢复健康。没有二老干预的生活，想干什么就干什么，这样也很好。志摩和小曼，天大地大，这里就是我的家，神仙眷侣，日子过得风生水起，幸福甜蜜。

美好瞬间即逝，战争迫在眉睫。1926年12月，北伐军东路总指挥何应钦率部挺进福建，占领福建全省后，又挥师向浙江挺进。1927年2月底，攻占浙江全省，于3月26日占领杭州，孙传芳部节节败退，北伐军沿沪杭线北上乘胜追击。

早在1926年10月，浙江省长夏超在中共的策划下提前宣布独立，使孙传芳的政权开始动摇，时局已经相当不稳。小曼和志摩能够在大战前夕，回硖石小住并补办传统的婚礼已经是相当幸运了。

山雨欲来风满楼，小小的硖石镇又怎能幸免，诗人再也不能在此隐居，著书立说了。1927年1月（1926年农历腊月），为躲避即将到来的战争，小曼随志摩举家迁往上海。

回顾在硖石居住的这一段历史，也许是小曼和志摩一生中仅有的自由舒展、身心愉快的一段时光，实际上这短暂的一小片安宁，也是在枪炮打红了眼，停下来休整的间隙。如果透过中国历史的天空看，这一对新婚夫妇的片刻幸福，其实算不得真正的幸福。当然，这并不是陆小曼和志摩两个人的劫难，而是中国大地上所有生灵的劫难。

假设小曼和志摩不为躲避战乱而奔走，一生一世相守在硖石，二人的结局又会怎样？然而历史不能假设。

没有北京的喧嚣，没有上海的繁华，没有物欲的浸淫，没有精神的困扰，他们是不是可以守护来之不易的爱情，为他们浪漫的一生画上圆满的句号？

17. 上海，灾难的开始

小曼和志摩来到上海的第一件事情就是落实住宿的问题。由于走得匆忙，事先没有联系朋友，只好先在一家旅馆住下来，随后又搬到志摩的朋友宋春舫的家里住了一阵子。

安顿下来后，小曼和志摩打听到上海环龙路（今南昌路）花园别墅11号这栋房子，然后搬了过去，一段时间后，又觉得不满意，再搬。最后入住的房子在上海福熙路（今延安中路）四明村923号，一住就是很多年。

志摩和小曼租住的这栋房子是上海滩老式的石库门洋房。底楼是客厅，二楼有两间卧室，其中一间是小曼的吸烟室，三楼全部做了志摩的书房。年租金银洋一千二百元。这里的环境安静雅致，出入的都是高级职员和商贾，其中为躲避战乱来此居住的也很多。

几次频繁搬家，让志摩和小曼深感痛苦。志摩给胡适写信倒苦水：“我们婚后头两个月在一个村镇中度过，既宁静又快乐；可是我们现在却混在上海的难民中间了，这都是拜这场像野火乱烧的内战之赐。”

硖石新落成的乡村“豪宅”，还没尽情享受，就被迫搬了出来，眼下的上海，战事也迫在眉睫，志摩和小曼混在难民中，不，简直就是难民，死里逃生的难民。扶着一个生病的小曼，物价飞涨，身上又没有太多的银两，生活举步维艰。

志摩没有工作，房租和日常开支都很高，成天待在家里也不是个办法。他不好意思向父亲开口要钱，经济不能独立的人，就像小孩刚刚断奶一样难受。

志摩本身就不喜欢上海这地方，他期望通过恩厚之夫妇的帮助，到国外去生活。出国？又是一大笔钱，哪里来？梦境似的一闪，打消这念头吧！

小曼自然非常喜欢上海，孔家弄是她出生的地方，有天然的故乡情结。她对目前的处境除了表示担忧以外，怎么生存与发展似乎与她无关，嫁鸡随鸡，做个闲人，安心养病就够了。

志摩淡泊名利，一心只想在文学上有所建树，他要的“草青人远，一流冷涧”是上海无法给予的，他把苦闷和无奈继续倾倒给胡适：“目下闷处在上海，无聊到不可言状，曼又早晚常病，连个可与谈的朋友都难得有（吴德生做了推事，忙极了的），硖石一时又回不去，你看多糟！”

然而生活下去的勇气使他坚定了信心，志摩打算开办一家书店。他开始四处奔走，联络好友，又因新月社的一些朋友也从北京聚到了上海，于是志摩联络闻一多、胡适、邵洵美、梁实秋、余上沅、张禹九等人，在环龙路环龙别墅办起了一个书店，取名“新月书店”，胡适任董事长，余上沅任经理（后由张禹九接任）。志摩实在舍不得北京新月社这块招牌，书店的成立，加之新月社一帮朋友的回归，又使这个组织活跃起来了，不过不再是原来的聚餐、娱乐、演戏，而是实实在在的商业运营了。

小曼的病情日渐好转，她也不能闲着，要开始活动了。

因小曼喜欢绘画，所以结识的人中画家很多，其中就有江小鹣。江小鹣（1894—1939），原名新，江苏苏州人，自幼酷爱诗书、绘画、雕塑，早年留学法国，在绘画上颇有创意，是我国近代雕塑家。

小曼最初结识翁瑞午就是源于江小鹣的引荐。这个翁瑞午就是影响了小曼后半生的人。

翁瑞午（1899—1961），字恩湛，吴江人。比小曼大四岁，小志摩两岁。其父翁绶祺是同治、光绪两代皇帝的老师翁同龢的门生，官至广西梧州知府，名画家，家藏古玩字画，名人真迹很多。

瑞午从小承蒙家训，接受正规的文化教育，耳濡目染，擅长诗书绘画，特别精通国画，又师从上海名医丁凤山，学习中医推拿，还会唱京戏昆曲，连京剧大师梅兰芳都大加赞赏。从这份履历看来，翁瑞午应该是一位文武双全的富家公子。

年轻时候的翁瑞午，体形瘦长，脸也显得清朗俊秀，绸褂长衫，头发向后梳理整齐，油光可鉴，一副圆形的黑边眼镜，架在他丰隆的鼻梁上，显得文质彬彬而又阳光灿烂。走起路来，迅捷敏锐，绸衫抖动，似有仙风道骨。在师从丁凤山时，苦练了一身内功，据说一叠砖置于面前，一掌下去，可叫设定之砖粉碎断裂，而相邻之砖完好无损。这种内力，用于推拿治病，效果独特，手到病除。

翁瑞午从十八岁时起开始行医治病，富贵不淫，贫苦不欺，广有医德，一时为人称颂。他性格平和，豪爽义气，幽默调侃无所不至。他喜欢交游，朋友众多，与张大千、赵眠云、江小鹣等文化人交往频繁，真可谓一位玉树临风、仗剑天涯的翩翩公子。

小曼患有严重的哮喘病和胃病，时常头昏脑涨，发作起来，四肢痉挛，痛苦不堪。志摩也曾遍访名医，均无实效。江小鹣看到这种状况，就把翁瑞午推荐给志摩，志摩便把翁瑞午请到家里来给小曼治病。

果然，经翁瑞午一番推拿调治，小曼的病情大有好转，休养数日，身体就慢慢恢复起来了。这使志摩非常感激，几经交往，于是与瑞午成为好友。而小曼对这种治疗法也逐渐产生了依赖，不这样推拿，吃再多的药也无济于事。只要小曼一生病，必有翁瑞午出场，时间久了，彼此不但熟悉了，而且也自然亲切起来。

徐志摩不在家的时候，也有翁瑞午出入于徐府的身影，外界议论开始多了起来，小曼自然满不在乎，她要的是治病效果，哪里管得着外面的风言风语。翁瑞午解释的理由："是徐志摩请我来给他太太治病的。"这话看似名正言顺，其实也很软弱无力，因为谣言会长翅膀，千家万户，纵有百口，哪有精力去辩？

就连志摩、小曼三月回硖石扫墓，瑞午也在旁作陪，并畅游西湖。"三小无猜"的心情，彼此十分快乐。

处于"健康状态"的小曼，开始活跃起来，首先与唐瑛等一批上海名媛联络互动。名媛见名媛，彼此惺惺相惜，互诉衷肠，你来我往，通过相互介绍，活动圈子不断扩大。凭着小曼在北京的名气，加上与志摩的传奇婚礼，前来拜会者络绎不绝，更有诸多文人墨客、商贾俊生，渴慕不已，一睹芳颜而后快。

在这样的环境中，小曼受人瞩目，受人敬仰，受人赞美，昔日幽怨的情结，低落的心态，受人诽谤、非议的种种烦恼和压抑都一扫而空了。她仿佛恢复到了十八岁在北京时的状态，在灯光摇曳中曼舞，在迎来送往中昂头，在戏园牌桌上一掷千金。

一个人，如果心情压抑得太久，一旦找到了释放的场景和机会，那就是飞出笼中的鸟，海阔天空，任其翱翔。她常常包座席、剧院，捧角，吃大餐，一帮姐妹花、公子哥儿、媒体人、用人前呼后拥。在这样的光环笼罩，小曼无比受用。这种扬眉吐气，是她嫁给王赓以来从来没有过的。好在志摩比王赓迁就她，暂时没有过分的约束和干预。

“补偿”心理使小曼产生了“女皇”的幻觉。从饮食起居，到外出参加活动，都是用人相随左右，外加一辆长期雇用的小汽车。这无疑会很大地增加家庭的开销，一个月的基本费用竟高达一千银圆，折合现在的人民币在六万以上，有时还会更高。

“苦苦”支撑的排场固然风光，却使志摩暗自苦恼。他不能让他深爱的眉扫兴，不能让他可爱的龙没有海水，他必须为这种强大的气场埋单。

至1928年前后，志摩先后在光华大学、东吴大学、大夏大学任教。光华大学是民国时代上海一所著名的综合性私立大学，和大夏大学一样，校址都在上海，志摩往返还比较近。

东吴大学则在苏州，是中国第一所西制大学，苏州到上海按现在发达的交通，约一百一十公里的路程，驾车也就一两个小时就到了，但在民国时期，往返没有一两天时间恐怕不行。他向朋友倾诉：“光华、东吴（大学）每日有课，一在极西，一在极东，设如奔波，隆冬奈何？”

但他不能停下来，不但不能停，还要照顾经营“新月书店”。一有闲暇就不停地撰稿、投稿，赚取稿费。一个月所有的收入聚拢来，也在一千银圆以上，除自己生活必需的开销外，接近或几乎不能满足小曼当月的消费。

诗人做了物质的情人，是可怕的。创作的灵感在无休止的劳碌奔波中消耗殆尽，尽管他收集了1922年—1924年间的诗歌作品，出了第一本诗集《志摩的诗》，也产生过巨大的反响，但第二本诗集《翡冷翠的一夜》似乎写得更加辛苦，这是他在1925年—1927年间的部分诗歌创作汇集，主要记叙旅欧期间和回国后与小曼之间的感情波澜，以及强烈的无法摆脱的精神痛苦。

志摩觉得，他正从高空的某一处向下坠落。他不停地拍打翅膀，想要挣脱这越来越多的雾霾，他想大声地喊，但张开的口，始终没有声音。他无法判定风是在向哪一个方向吹，潜意识里，仿佛有一股无形的引力在牵引着他，向深渊、向深渊一步步滑落下去。

他脑海里的镜头不断地叠加，那些爱与恨潮水般向他涌来，他浪漫的诗句，在沙滩上被一波一波的浪花追逐，复又湮灭。湿漉漉的梦想，在落日的余晖中，在海鸥的尖叫声里，俯冲斜插于深海。忽然，小曼从一叶孤岛上徐徐升起，她爱怜的眼帘垂下珍珠似的泪滴，一只绝望的手向他伸过来，那长发在一瞬间化为雪花纷飞，仿佛在北国，一地梅花，烙痛了这个纯净的世界。

他有阻止的能力吗，面对自己心爱的人？作为情感的回报，志摩更需要坚韧不拔的毅力来支撑这个风雨飘摇的巢穴，尽管巢内的鸟还没有感受到即将到来的风暴。他需要用宽容与大度来精心修复这些黑暗的缝隙。当男人面对生活的压力，他必须举手，说我能。

诸多往事的回味与咀嚼，使志摩彻夜难眠。他真的不喜欢上海这个魔幻般的世界，他分明地感觉到，长此以往，他真的会死去。

如今的小曼，作息时间黑白颠倒，晚上出去打牌、跳舞、看戏，白天要睡到下午3点左右才起床。吃过午饭，梳妆打扮以后，又重复昨天的故事。如此循环，乐此不疲，劳累一天的志摩回到家里，几乎看不到小曼的身影，即使看到小曼在家，小曼也没有往日的激情，温婉地和志摩打一声招呼，喊一声相公。

嫉妒之人或许以为志摩从王赓手里抢了个热饽饽，志摩也以为自己前世修善积德，才迎来这艳福齐天的美满姻缘。难道婚姻真的是爱情的坟墓吗？还是王国维评红楼里的一句话说得好："一欲既终，他欲随之，故究竟之慰藉终不可得也。"

是啊，一旦得到了的东西，就不知道珍惜，一个欲望满足了，另一个欲望随即产生。人就是在不断的厌倦、抛弃、获得、再厌倦、再抛弃中循环往复地折腾。诚如王国维所说："故人生者如钟表之摆，实往复于苦痛与倦厌之间者也。"

小曼无疑是池中之物，而志摩则渴望在大海里游。性格上的差异和爱好的偏差，为他们之间的感情罩上了一幕惨淡愁云。

18. 戏里戏外皆如梦

1927年12月6日、7日。上海夏令匹克电影院。组织者：天马剧艺会。演出剧目：《贩马记》《汾河湾》《玉堂春·三堂会审》。演员：陆小曼、江小鹣、翁瑞午、徐志摩。主角：陆小曼。这是两场票友演唱会，前来观看者，人山人海，络绎不绝，热闹非凡。连江小鹣都来给陆小曼跑龙套了，小曼真是攒足了面子，展够了威风。

所谓票友演唱会，实际上就是戏曲爱好者自发或经组织策划者邀请参加的演唱会，以赈灾的名义演出，这是一项公益事业，没有商业目的，非常受人尊敬和爱戴。

这是上流社会大发慈悲、普度众生、扬名史册的最好时机，哪里少得了小曼？志摩尽管不情愿参与，但有小曼的指令，哪敢不从？翁瑞午样样都会，反正闲着也是闲着，有此盛会，求之不得，而这次天马剧艺会的主办者正是江小鹣，且所有费用都由他负责。

这次会演之前，在上海恩派亚大戏院，小曼就主演过昆曲《思凡》。第一天演的是《贩马记》《汾河湾》，第二天是《玉堂春·三堂会审》，陆小曼饰苏三，翁瑞午饰王金龙，江小鹈饰蓝袍，志摩饰红袍。

对于小曼生拉活扯把志摩弄上舞台的无奈，志摩在日记中这样写道："我想在冬至节独自到一个偏僻的教堂里去听几折圣诞的和歌，但我却穿上臃肿的袍服上舞台去串演不自在的'腐'戏。我想在霜浓月淡的冬夜独自写几行从性灵暖处来的诗句，但我却跟着人们到涂蜡的跳舞厅去艳羡仕女们发金光的鞋袜。"可怜的志摩，为了所爱的人，居然把自己弄得人不人鬼不鬼的。

正因为这几场演出，使小曼声名大噪，成为大报小报的头版头条。

演出结束后的同月17日，令人意想不到的是一篇八卦文章被刊登在《福尔摩斯小报》上，醒目标题为"伍大姐按摩得腻友"，作者署名"屁哲"。文中的"伍大姐"代指陆小曼，"余心麻"代指徐志摩，"汪大棚"代指江小鹈，"洪祥甲"代指翁瑞午。狗仔队写这篇文章的主要用意是影射陆小曼和翁瑞午之间的暧昧关系，说徐志摩是陆小曼"名义上的丈夫"。

文中更有不堪入目的描述和杜撰，这让志摩很受伤。总是笑脸相迎、从未发过脾气的志摩，此刻已经是愤怒非常，这种强加到自己头上的绿帽子，若非本人亲自参与这场活动，岂不是误以为真，闹出更大的乱子？经与江小鹣、翁瑞午等好友商议，决定到租界巡捕房报案，缉拿此等龌龊小人“屁哲”。

经租界临时法庭初步审理此案，给予“屁哲”澄清事实并罚款的处罚，志摩觉得处罚太轻，不解心头之恨，于是又以诽谤罪向法院提起刑事诉讼，希望将“屁哲”绳之以法，很遗憾，法庭因前面已经做出处罚而不予追究。

事件虽然逐渐得到平息，公理也仿佛从法律的角度得以讨回，然而谣言却像苍蝇一样四处乱飞。志摩陷入嫉妒愤懑和烦恼之中，这使他和小曼的关系一度变得十分紧张。他曾经劝诫过小曼多向文学和绘画方面发展，然而小曼一心想在演艺界发展。流言使他们产生矛盾，也使他们对于各自的事业发展方向发生了根本的分歧。

按常理，经过这么大的事件之后，小曼应该深刻反思了，但她的任性使她不但不反思，反而不当一回事，继续我行我素，置志摩的劝告于不顾，继续和翁瑞午走得很近。

志摩陷入彻底的苦闷和失落之中。早在1927年元旦日记中他就曾这样写道：“愿新的希望，跟着新的年产生；愿旧的烦闷跟着旧的年死去。……给我勇气，给我力量，天！”

一年已经过去，新的希望在哪里？他在1928年2月8日的心情文字中表达了相同的落寞：“闷极了，喝了三杯白兰地……整天是在沉闷中过的，到哪儿都觉得无聊，冷。”

1928年上半年，志摩仍然在光华大学、东吴大学、大夏大学教书，3月10日创办《新月》杂志月刊，任主编。6月15日，受恩厚之邀请，带着灰暗的心情第三次出国。

再说小曼，她对演艺近乎痴迷的状态，也不完全是外界的引诱，没有艺术细胞的人，无论如何也不能调动自身的激情。

小曼渴望表演和强烈的表现欲，在圣心学堂已经初露端倪，只不过没有机会和舞台让她施展罢了。婚姻不如意，公爹公婆面前不得宠，朋友面前得不到尊重，社会舆论诟病、诽谤，加上自己身体又多病，快乐不是时常都能拥有的，她一副柔弱女子的心态，必将慢慢地发生扭曲，愤懑、压抑、忧伤的情结必须找到宣泄的出口。而这个出口，就是寻找快乐，主动地去寻找。她不能寄希望于任何人，包括志摩，她需要显示存在感，而这个存在感要通过一系列的表演或行为艺术来得到证实。谣言对小曼来说，只能适得其反。别人越是这样非议、限制，她就偏要这样坚持，甚至比之前还要疯狂——这就是任性。

演戏，就得做行头，据说小曼把朋友恩厚之邀请他们俩赴欧旅游的费用都拿来购置了道具。按常理，小曼一无工作二无牵挂，理应陪同志摩一同出游才对，为什么小曼留在家中而志摩独自出走，是甜得过腻需要稀释，还是苦得太深需要拔出？至今仍无法考证。

演戏也不是一个轻松的活，要背诵台词，练习发声，探讨动作造型，要化妆、卸妆、购置行头，一天下来，腰酸背痛，疲惫不堪是常事。如果刚好在这时，小曼的老毛病又犯了，那便是大病来临了。尽管翁瑞午的推拿技术一流，也难免百密一疏。

一天，小曼问正在给她推拿的瑞午："你给我按摩确实有效，但你总不能时时刻刻在我身边啊，你不在的时候万一我发病的话，有什么办法呢？"

答案就是鸦片。

身为医生的瑞午自然知道鸦片的药效，也知道鸦片的危害，他本人也吸鸦片。偶尔吸一次是镇静止痛的药，长期吸食就是毒，关键要看度的把握和意志力的控制。

刚听到瑞午这个说法，小曼以为是在开玩笑，即便不是开玩笑，也是一个害人的馊主意。

可是又一次犯病时，小曼有了要尝一尝的欲望。初涉仙境，云遮雾罩，飘飘然，其乐无穷，刚才还是疼痛难忍，气堵胸闷，这一吸，立刻使人变得神清气爽、气盈血旺、生龙活虎了。

鸦片的功效太神奇了，她仿佛抓到了一根救命的稻草，从此染上了这种恶习，并一步一步地滑向深渊。

据说，小曼吸鸦片并不是翁瑞午传授的，而是她的母亲，因母亲也吸食鸦片，看到爱女长期犯病，叫她有限度地吸食。但不管怎么说，小曼和翁瑞午都吸食鸦片是不争的事实，在未来的道路上，他们又因这一点爱好而更加志趣相投了。

自从八国联军瓜分中国开始，鸦片的大门就向国人敞开了。陆小曼只不过是众多吸毒者之一，只因徐志摩的名气太大，被人们作为典型的案例罢了。

吸毒使这个本来开支巨大的家庭雪上加霜，原来每月五六百银圆的开支一下子猛增到一千银圆以上，志摩不得不向朋友四处举债，来满足小曼的所有要求。

与小曼同在上海的唐瑛，正好与小曼再嫁后的生活相反。唐瑛和李祖法离婚后，嫁给熊七，至此一心相夫教子，她衣着素雅，生活简朴，常常见她亲自提篮上街买菜，或于夕阳西下时，手推婴儿车，转瞬又掩映于绿荫丛中。

玩得高兴了以后，见好就收，也不失为一种生活选择。小曼如果在嫁给志摩以后，效仿唐瑛，那么“幸福也还不是不可能的”（志摩语），但性格决定命运，人各有命，不可强求。

小曼染上烟瘾，对于志摩来说，最麻烦的还不全是开销的剧增，而是小曼和瑞午之间说不清道不明的暧昧关系被外界传得沸沸扬扬。他心里非常明白，小曼绝没有背叛他，瑞午也不会横刀夺爱，互称红颜或蓝颜知己也还说得过去，苟且之事，断然没有。

志摩对西方爱情观奉若神明，他认为男女接触交往是一件很正常的事情，用不着大惊小怪。他把人与人之间的“情”和男女之间的“爱”分得很清楚。

翁瑞午的友好热情，几乎带着追星式的崇拜和恭维，其真诚让人心里踏实。反之，总不能因为外面的谣言，就禁止小曼交朋友的自由。

所以志摩做了这样一番解释和澄清：“丈夫绝不能禁止妻子交朋友，何况鸦片烟榻，看似接近，只能谈情，不能做爱。所以男女之间，最规矩、最清白的是烟榻，最暧昧、最嘈杂的是打牌。”

他自己都这么说了，别人还能说什么？

19. 才情散入浮华烟云

“任性”，意指凭本性做事，直率、执拗，不矫揉造作，喜欢我行我素，意气用事，不顾及别人的感受。从另一个层面上讲，任性还有一种不屑于世俗和对利弊结果导向的价值判断。

把“任性”放在小曼身上，很贴切。小曼就是这么个人，想要得到的东西非要得到，她不管过程，只要结果。至于对错，她无暇分辨。这是志摩最窘迫和难堪的地方，他曾经试图改变小曼，但始终是徒劳的，婚姻只能适应，不能改变。

小曼要吸鸦片，就得有人去弄回来，没有钱，就得有人想法去支付，即使是举债。因为男人不能说自己不行，这是太太的命令，执行力就是维护婚姻关系的原动力。

小曼把恩厚之的邀请款拿来购买行头，翁瑞午则送志摩家藏古玩出国去兑换钞票，也是对小曼任性产生的不良后果的一种情感补偿。

志摩欣然接受或严词拒绝，都无法找到冠冕堂皇的理由，价值转移之后的情感交换，心里总不是个滋味。这任性，把志摩卷入情与义之间模糊判断的两难境地。这就是志摩说的“缝儿隙”，一天一天地拉长、变大，自己也不知不觉地钻进去了。

依赖鸦片，就得依赖钱，依赖钱，就得依赖一个人，而且是终身依赖。瑞午口头禅“我来，我来”的献身精神，丝毫没有恶意，他的热忱和真情，足以感化任何坚冰顽石。他宁可倾家荡产、风餐露宿来表示对一个人的忠诚和友谊，且不图任何回报，你能拒人于千里之外吗？这“缝儿隙”，又一天一天地拉长、变大，直到整个世界一片漆黑。

志摩第三次出国，他是想从“缝儿隙”里爬出来，去透透气，呼吸呼吸新鲜空气。六年前的康桥，那西天的云彩，那柔波里的水草，又一一浮现在眼前，仿佛看见：

那河畔的金柳，
是夕阳中的新娘；
波光里的艳影，
在我的心头荡漾。

又仿佛是梦，满载一船星辉，在斑斓里放歌，但梦又很快被揉碎在浮藻间，他的失落与忧伤被记忆唤醒，又在梦的妄想中，被放大，被追逐。正是在这一年的三月，“那河畔的金柳”已经在加拿大温哥华成了别人的新娘。“轻轻的我走了，正如我轻轻的来”，睹物思人，走与不走，来与不来，一切都是空，一切都是梦。

是谁打碎了志摩的梦？是林徽因呢，还是小曼？也许谁都不是，也许打碎这个梦的正是他自己。在《再别康桥》里，志摩用他清新飘逸的诗句，写出了柔美幽怨的意境，也是他逃离现实后短暂的清醒和觉悟。

然而，回国之后的志摩，又得面对死水一潭的生活。1928年唯一值得欣慰的，是小曼和他合著的一部剧本《卞昆冈》，在7月由新月书店出版发行了。这恐怕也是小曼迄今为止做的唯一的正事。

唐弢说，话剧《卞昆冈》里的对白“逼真动人”，“这是小曼的功绩，也的确是这个剧本唯一的长处”。刘海粟也说小曼的文章写得“蕴藉婉约，很美，又无雕凿之气”。而《卞昆冈》是徐志摩执笔，小曼提供故事情节和框架，在相依相偎、卿卿我我中创作出来的悲剧。

剧本大意是，有个叫卞昆冈的石刻艺人常年在外打工雕刻石像，他的妻子因病去世，妻子生前生有一子，名叫阿明，只能由祖母照管。祖母年老体弱，恐不久于人世，劝卞昆冈再娶，以利抚养阿明成人。后来他娶了寡妇李七妹为妻，母亲去世，卞昆冈仍旧常年在外，李七妹便与人私通，被阿明发现，并屡次搅乱李七妹与奸夫尤桂生的好事。于是李七妹设下毒计，使阿明双目失明，后又将阿明杀死。卞昆冈悲恸之余，愤恨难平，发誓要追杀与人私奔、畏罪潜逃的妻子和奸夫，为儿子报仇雪恨。

著名戏剧家余上沅说，徐志摩的普通话是夹着硖石腔调的椒盐普通话，在语言对话上的描写，远远不及小曼的正宗京腔味。剧中人物对话栩栩如生，一定是小曼的功劳。

沉沦归沉沦，颓废归颓废，《卞昆冈》的公开发行，在文学史上，小曼的名字和徐志摩联系到一起了。这是作为才女被社会公认的象征，如果没有徐志摩的名号，小曼想要在文学界出名，不是那么容易的。

那么，以陆小曼的文才和《卞昆冈》的发行，能抵消世人的非议吗？郁达夫也曾表扬过小曼是20世纪“二十年代中国文艺界的普罗米修斯”。这只能说小曼有才气而不肯用功夫深入钻研，白白浪费了聪明才智。志摩有意识地要和小曼写剧本，也是想转移她贪玩的视线，逐步培养起她做正事的能力和毅力。

1928年11月，志摩返回国内，次年上半年到上海光华大学和南京中央大学英文系任教，同时辞去了东吴大学、大夏大学教授之职，又应中华书局之聘，兼任中华书局编辑之职。他仍然是两地来回奔波，除此之外还要编稿、写稿赚取外快以补贴家用。

就在徐志摩在外教书挣钱忙得不可开交时，小曼继续过着她的鸦片人生。因为要治病，翁瑞午也住到了志摩的家里来，同屋居住的还有志摩的父亲和母亲。

家里面突然住进个外人，而且又是个男人，志摩又不经常在家，父母自然不高兴，而且起了疑心，怕这样下去会整出什么乱子来。

志摩反倒很宽容。他说，小曼和瑞午一旦躺在烟榻上不会有事。他劝慰父母不要担心，瑞午只不过是给小曼做伴的。志摩的默认，自然是出于无奈，他为的是让小曼高兴。瑞午的任务也不复杂：陪小曼躺下抽大烟，抽累了推拿按摩，外兼采购，车前马后跑腿，整天忙得欢天喜地。

别小看瑞午这份工作，若是志摩来做，除了采购、跑腿以外，抽大烟和推拿还真无力胜任。即使志摩能做到这些，那谁去挣钱来养家糊口？所以，瑞午不但分担了志摩的工作量，分文不取不说，反而倒贴钱来给小曼花销，一举两得的好事情哪里去找？

瑞午的闲和志摩的忙，中间夹着个“消费品”，两个男人都得为这个“消费品”埋单。瑞午的闲来自家有积蓄，古玩字画陈列其间，实在不行，随便拿几幅字画出去变卖了，就可以生存好长时间。

他对陆小曼不是承担责任，而是尽到一个做朋友的义务罢了，小曼也不会对他提出过分的要求，就像过冬的刺猬，彼此靠近取暖而不必靠得太近。这种间隙的宽松感，彼此心有灵犀一点通。

志摩则不然，他有丈夫的责任和义务在身。小曼的任何要求都是正当的，稍不如意就会生出怨言和责骂。不管你在外有多辛苦、多劳累，有钱拿回来花，才是检验丈夫能力的唯一标准。

面对这种压力，志摩必然要“两害相权取其轻，两利相权取其重”，他可以不写诗，但不能不生存。瑞午的雪中送炭，见义勇为，难道还要拒之门外？

瑞午的出现，和之前志摩出现在王赓和小曼之间，如出一辙。如果说，王赓木讷和对小曼的冷落是出于性格或者是出于军人的职责在身，因而无法陪小曼玩，那么，志摩是有心要陪小曼玩，但苦于分身无术，迫不得已才这样首尾不能相顾。

恋爱时的爱呀恨呀死呀活呀，在甜蜜中充满期待，在期待中憧憬未来。相敬如宾的温婉语言和魅力四射的人格特征，都让对方如坠雾里烟云，一旦这种爱需要物质基础做保障的时候，所有的浪漫就会立刻烟消云散。

在上海滩，请小曼“玉趾光临”“慧眼枉顾”的帖子络绎不绝，名媛的光环使她欲罢不能，在掌声和喝彩声中享受，在享受中沉沦和坠落。也难怪志摩说小曼“成天遭强盗抢”，连和他在一起安静地聚一会儿也没有时间，以至于发出这样的感叹：“忧愁他整天拉着我的心，像一位琴师操练他的琴。”王赓之前所身受的一切，又全部奉送志摩了。

小曼生活得黑白颠倒，也造成了生活秩序的紊乱。志摩早上出门，晚上回家。小曼晚上出门，白天睡觉，她哪里有闲心来为志摩整点行装，服侍起居，恐怕连说几句交流的话，也是在梦里进行的。这种冷落感，志摩只能打落牙齿和血吞到肚里去。

吃饭也是一大问题。据张幼仪回忆录记载，有一天老太太（志摩的母亲）给她打来电话诉苦，说家里面有一块火腿，就叫用人拿来给她和老爷当晚餐吃了，第二天被小曼发现了，竟在家里面大喊大叫，说是给翁瑞午准备的，老太太、老爷怎么能拿来吃了呢？又说家里面藏有很多好的人参，老太太心疼儿子教书喉咙痛，就叫用人拿来熬汤给志摩喝，小曼也不允许，说是给翁先生准备的，这到底是谁的家呀？于是老太太、老爷一气之下，搬到北京去了，和义女张幼仪住在了一起，眼不见，心不烦。

家长里短的一些小事，也是家庭不和的助推器。凭陆小曼的性格，亲生父母也得服侍她，在这里，虽然不要公爹公婆服侍，自然也不会去服侍公爹公婆了。这是许多家庭的通病，无论志摩多么有文采、多么有诗意，面对这样的局面，也只有心烦意乱的份儿。

1929年还发生了另外两件事，梁启超的去世和泰戈尔的再次来华。

1929年1月19日，小曼和志摩曾经的证婚人梁启超先生在北平协和医院病逝，享年五十六岁。这位中国近代思想家、政治家、教育家、史学家和文学家，徐志摩的恩师，因肾病不治而逝了。

梁公遗骸运往广惠寺，在北京和上海设置纪念堂分别追悼纪念。作为弟子的徐志摩，自然积极奔走，怀着沉痛的心情再送恩师最后一程，不管恩师生前对他和小曼的结合如何反对，以至于在婚礼上如何严厉地责骂，那都是长者对后生的谆谆教诲和殷切希望。

5月，泰戈尔游历讲学，归国途经上海，再次在志摩家里小住数日。这次接待，小曼非常愉快和认真，和志摩也十分配合。

小曼里外张罗，为泰戈尔装饰了一间具有印度风情的小房间，泰戈尔却对中国古典家具和中国古典装饰的房间发生了兴趣，竟然提出要住在徐志摩和陆小曼的卧室里。没办法，小曼和志摩只好放弃原来的布置，为老人家做了如愿以偿的调整。泰戈尔在离开上海时，用孟加拉语赠给志摩一首诗：

亲爱的，我羁留旅途，
光阴枉掷，樱花已凋零，
喜的是遍野的映山红
显现你慰藉的笑容。

诗中所说的“羁留旅途”，是指他在加拿大把护照丢失了，在移民局，办公人员问他：“你识字吗？”天大的笑话，诺贝尔文学奖获得者居然还有不识字的？这显然是在嘲弄和蔑视泰戈尔，基于受到的侮辱，老人家非常愤怒，在转道日本时，也受到了不公正的待遇。

这和上海的小曼和志摩的热情形成了鲜明的对比，两种不同的待遇，两种不同的心情，使老人家仿佛置身于映山红开遍的春天。此刻，泰戈尔就像亲人遇见亲人，回到亲人的怀抱里一样感到温暖和惬意。

小曼和志摩能够再次见到20世纪伟大的文学家和思想家，是他们一生的荣幸。泰戈尔对中国人民的友谊和敬意，也源于志摩和小曼作为中国人民的代表的热情接待而载入中印两国文化友好交流的史册。

由于小曼热爱绘画，同年，在志摩和友人的帮助下，小曼参加了中国女子书画会的成立筹备工作，并成为该会早期的会员。这为她日后的绘画和作品交流工作打下了坚实的基础。

20. 他轻轻地走了

两个曾经相爱的人，有说不完的甜言蜜语，有看不尽的月光倒影；两个此时仍然相爱的人，有诉不完的凄怨哀愁，有道不尽的现实苦水。不是不爱，只是爱得太艰难。

花钱犹如水冲沙，挣钱好似针挑土。爱情需要时时更新，没有钱的日子，爱情之花便会枯萎。同床异梦的爱情，这是小曼和志摩之前没有从未想过的场景。

重复的生活不会有特别的记忆。大上海纸迷金醉，莺歌燕舞，不夜之城所散发的迷人芳香，这正是陆小曼所希望的。她将继续游走在这光怪陆离的世界中并乐此不疲。

志摩有心做富翁，却无力回天。庞大的家庭开支和鸦片消耗，已经使这位风度翩翩的诗人、教书匠心力交瘁。

志摩，一个工薪阶层的人，靠教书、写点文章，要想养活一个阔太太，我们只能说，池塘小了，养活不了一条大鱼。

1930年秋，志摩面对茫然的未来，再一次让自己赌了一把，他开始“北漂”了。如果说1928年的第三次旅欧，是泄愤，是排忧，是超脱，那么这一次“北漂”，则是寻求生的希望。

他和小曼的爱情，就像驶出了港湾的小船，在茫茫的大海上，任由风浪颠簸，即使他们的四只手臂用力划桨，也无法到达彼岸。更何况他们自己也不知道风在向哪一个方向吹，而这只船是那样脆弱，一不小心就会倾覆。

小曼此刻就是一个病人，身体和精神上都有病。她既需要昂贵的鸦片对于麻木肉体的治疗，同时也需要不断翻新的花花世界来满足感官的精神刺激。她在这条路上走得既深且远，她无法回头，也不想回头。

一个未满三十岁的少妇，早已从少女时代的羞涩和新婚之后的中规中矩，变得成熟而老练，她需要个人意志的完美体现和精神、心理深层次的全方位提升。

被人认可是女性引以为荣的骄傲，然而，无论怎样做，小曼总是得到更多的偏见和误解，时间长了，反而助长了她的我行我素，一切皆不入“法眼”的清高傲慢意识。

如果说王赓这个人“不好玩”，其余的什么都不缺，那么徐志摩就“很好玩”，但他缺钱，也就没有时间轻松地玩了。翁瑞午，则兼而有之，既有钱，又好玩。不能不说，翁瑞午的出现，恰好弥补了他们两人的缺陷，所以，翁瑞午更适合陆小曼的胃口。只是小曼既然和志摩相爱，断无分心再去爱别的男人的道理，而事实上的心有灵犀一点通的微妙感觉，也只是彼此心照不宣罢了。

翁瑞午的出现是一个美丽的错误，志摩在财力上的力不从心，无法抵御来自瑞午热情洋溢的资助。他把瑞午当成真朋友的同时，心里难道就没有丝毫戒备？

只不过他从心底相信小曼的人品和他们曾经海誓山盟的誓言。他觉得小曼绝不会因外界的诱惑而改变他们薄如蝉翼的守候。他的北上，既是想摆脱经济上的困境，也是想把小曼从雾里烟云中拯救出来，所以，在决定前往北平时，志摩力劝小曼一同北上。如果小曼暂时不想北上，那么等他在北平安定之后，再来接小曼也是没有问题的。

事与愿违，从小在上海长大的小曼，已经习惯了这里的生活，这里的氛围和她名媛的气质相得益彰。志摩有苦难言，他已经预感到爱情的末日即将到来。不知他们能否回忆得起，当初王赓催促小曼南下团聚的时候，因想和志摩在一起，小曼死活不从，一心要留在北平。而今时光倒转，身在南方的小曼，又一次死活不愿北上。岂非造化弄人？

在胡适大哥的帮助下，志摩于1930年秋辞去上海和南京的一切职务，顺利地来到了北平，并再度出任北京大学教授兼北京女子师范大学教授。

这期间，志摩曾到过沈阳看望病中的林徽因，并劝她回北平治病。林徽因于1930年12月返回北平，到1931年的上半年，一直在香山双清别墅疗养，徐志摩时常前去探望。

一对旧情人的再次重逢，那心情，除了五味杂陈，更多的是对人生和时光的慨叹吧！

各有归宿的人，虽心向往之，但不必显山露水。

志摩为挣钱养家而奔波。两所大学的工资，仍然不够家里的开销，以至于捉襟见肘，时常向朋友们借钱，他甚至放下一个诗人的尊严，做起了房地产拉皮条的生意。

志摩多次写信劝小曼北上，小曼执意不肯，这使志摩异常苦恼。于是，志摩开始了北平、上海两地来回的拉锯战，1931年的上半年，他在上海、北京两地来回奔波了八次，这来回的车船费，无疑又是一笔巨大的开销。

1931年6月25日，小曼接到志摩从北平写来的信："但要互相迁就的话，我已在上海迁就你多年……我是无法勉强你的……明知勉强的事是不能彻底的，所以看行情恐怕只能各行其是。"这潜台词分明是，我已经忍无可忍了，强扭的瓜不甜，你若不愿北上，我们只能分道扬镳了。这和王赓催促陆小曼南下的通牒何其相似："如念夫妻之情，立刻南下团聚，倘若另有所属，决不加以拦阻。"只不过，王赓的措辞强硬，而志摩的语言委婉压抑，哀怨中带着无可奈何罢了。

小曼不肯北上自然有她的苦衷，北平住着志摩的前妻和双亲大人，住得太近，难免不交往，彼此定会发生不愉快的事情。北平自然没有大上海好玩，若以病弱之躯前往，谁来提供按摩推拿服务，更要命的一点，鸦片烟从哪里来？换了一个地方，在上海捧场的人，会搬到北京来吗？志摩呀，你就辛苦一点吧！

再者，1931年的春天，小曼跟从画家贺天健和陈半丁学画不久，她创作了一幅清丽雅致的山水长卷，深得胡适和名画家陈蝶野的赞叹。从潜心学画这个角度讲，她也不愿离开上海。

是的，志摩可以辛苦一点。他为了节约时间和路费，经常乘坐免费的飞机在京沪两地来回地跑，小曼也担心过志摩乘坐飞机的安全。

志摩却说："你也知道我们的经济条件，你不让我坐免费飞机，坐火车可是要钱的啊！我一个穷教授，又要管家，哪来那么多钱去坐火车呢？"

小曼漫不经心地回答："心疼钱，那你还是尽量少回来吧！"

话虽这样说，志摩还是对小曼放心不下，来回奔波，已经成为一种生活规律了。

除此而外，家庭关系也使他们两人的感情出现了裂痕。

1931年4月，志摩母亲病重，不久就去世了。陆小曼急匆匆地从上海赶往海宁硖石志摩老家，不料志摩的父亲徐申如不让陆小曼跨进他徐家的大门。小曼只得落脚在硖石镇上的一家小旅馆里，随后带着愤恨难平的心情回到了上海。

不让小曼祭奠公婆，不让小曼参加公婆的葬礼，说明她在徐家的地位，远不如已经离婚的张幼仪。张幼仪以徐家义女的身份参加了义母的葬礼，为什么明媒正娶的陆小曼却不能参加?

徐申如的歧视，严重伤害了小曼的自尊心。徐志摩自然也很愤恨，鉴于母亲仙逝，不便发作。志摩为了弥补父亲的过错，他当即写信给小曼表达了自己的内疚和维护公道的决心："我家欺你，即是欺我。这是事实，我不能护我的爱妻，且不能保护自己。我也懊懑得无话可说，再加不公道的来源，即是自己的父亲，我那晚顶撞了几句，他便到灵前去放声大哭。"尽管如此，小曼在心灵上的创伤恐怕是永远抹不去的。

俗话说，家和万事兴。徐父对于小曼的不待见，志摩的窘态和难堪，使他面对自己心爱的女人时有一种讲不清、道不明的苦衷，而这些苦衷如蛇一般盘踞在心里，一天天逐渐长大。

很长时间了，他的那些诗情画意早已烟消云散。这绝不是“挥一挥衣袖，不带走一片云彩”的浪漫，也不是“偶尔投影在你的波心”的云，“在转瞬间”就能“消灭了踪影”。

真是天有不测风云，人有旦夕祸福。1931年11月19日这一天，对于陆小曼，是黑色的一天，是和自己已经死去没有什么区别的一天，也是她人生重大转折的一天，因为她心爱的志摩已经走了，永远、永远地走了。

传来这个噩耗的人说，11月19日早上8点，徐志摩搭乘中国航空公司“济南号”邮政飞机由南京飞往北京，10时10分到达徐州，10时20分再行北飞，午后2时，在抵达济南南部的党家庄附近时，忽遇天气转恶，大雾弥漫，机师为避免迷失航线，于是降低了飞行高度，不料飞机撞上开山（现济南市长清区境内），志摩与两位机械师当场全部遇难。

太突然了，陆小曼当场晕倒，不省人事。与此同时，这噩耗迅速传遍了大江南北，也传到北京林徽因的住处。

先说后事的料理。小曼本身就有晕厥病，经这晴天霹雷一轰，怎么说也是站不起来的，何况从上海到济南，路途遥远，行走多有不便，弄不好，不但不能料理志摩的后事，恐怕自己早已病倒，需要人来照料，于是，她派翁瑞午代表自己与徐积锴（徐志摩和张幼仪的儿子）、张禹九（张幼仪的八弟）三人一同前往济南。林徽因这边则派了丈夫梁思成去济南。临行前，林徽因把她亲手用铁丝编织的小花圈交给梁思成，以寄托她对志摩的哀思。

当梁思成返回北京时，他捡回了一块飞机的残骸，交给妻子林徽因。这块残骸，林徽因一直把它挂在卧室的墙头，直到去世。

翁瑞午又给陆小曼带回来什么呢？就是小曼那幅经多位名家题跋的山水长卷画。徐志摩一直珍爱这幅画，这次带往北京，欲再找名家题跋，因画作放在一个铁箧中，尽管飞机失事时大火蔓延，仍未伤及箧中之物。翁瑞午惊喜之余，将这幅画小心保藏，带回来交给了陆小曼。

这幅画，陆小曼一直珍藏在身边，这如同她自己的生命，天国的志摩在看着她。如今，这幅画静静地躺在浙江省博物馆里，虽历经岁月沧桑，仍然完好如初。

徐志摩的灵柩从济南运到上海万国殡仪馆后，上海文艺界和社会各界人士在静安寺设置灵堂，举行追悼仪式。志摩的生前好友，仰慕他的青年学生排着长队，静静地从他的遗像前走过，这位中国的雪莱、拜伦，在生者泪如雨下的悲恸中，永远地离去了。

在北平也设立了分祭，地点在北大二院大礼堂。追悼会由林徽因和梁思成夫妇亲自主持，胡适、周作人等生前好友、社会贤达及青年学生也纷纷到场祭奠。

中央研究院院长、原北大校长蔡元培的挽联道出了这位大诗人的倜傥风流：

谈话是诗，举动是诗，毕生行径都是诗，诗的意味渗透了，随遇自有乐土。

乘船可死，驱车可死，斗室生卧也可死，死于飞机偶然者，不必视为畏途。

昔日的情敌加好兄弟张歆海与夫人韩湘眉的挽联，如悲如诉：

十数年相知情同手足；一刹那惨剧，痛切肺腑。

温柔诚挚乃朋友中朋友；纯洁天真是诗人的诗人。

悲痛欲绝的父亲徐申如，写给儿子志摩的挽联是：

考史诗所载，沉湘捉月，文人横死，各有伤心；尔本超然，岂期邂逅罡风，亦遭惨劫！

自襁褓以来，求学从师，夫妇保持，最怜独子；母今逝矣，忍使凄凉老父，重赋招魂？

好大哥胡适的悼词是：“志摩这一回真的走了，可不是悄悄的走……所以他下了决心，要把自由偿还自由，要从自由求得他们的真生命，真幸福，真恋爱。”

是的，志摩，你已经完全自由了，在这个世界上，你还有什么可以留恋的呢？

21. 缱绻往事知多少

多少前尘成噩梦，五载哀欢，匆匆永诀，天道复奚论，欲死未能因母老；

万千别恨向谁言，一身愁病，渺渺离魂，人间应不久，遗文编就答君心。

——小曼写给志摩的挽联

当小曼接到志摩乘坐的飞机失事的噩耗时，她的第一反应是睁大双眼，张开嘴，一动也不动，站在那里，像个木鸡。

不！这绝不是真的。志摩没有乘坐那架飞机，志摩没有死，志摩不会死。

良久，两行清泪夺眶而出，随后是声嘶力竭地呼喊，志摩，志摩，摩……再之后就晕厥过去，不省人事了。

然而，志摩走了，真的走了。人们在奔走相告，他们不但在谈飞机坠毁的事，也在谈论志摩的死因。

从志摩往返的时间和线路上来说是这样的：1931年11月

初，小曼前后连续打了十多封电报，催促志摩回上海，一种说法是小曼有病，且无力支撑在上海滩那样豪华的场面，经济缺口很大，催志摩回来，是为了解决开销的问题。

另一种说法是，志摩回上海是为了做房屋中介买卖——陈小蝶打算购买百里叔在上海国富门路的房子，志摩从中撮合，赚点拉皮条的佣金，贴补家用。

志摩于11月11日起程，搭乘免费的军用飞机抵达南京，然后改乘火车，于13日回到上海家中。因有十多封电报的催促，志摩的到来并没有使小曼感到惊喜，因为觉得各自的理由都很充足，反而发生了争吵。

陆小曼觉得，你不回家，至少应该把钱打回来才对，眼看家里揭不开锅了，既不见钱，也不见人，你这做老公的称职吗？口口声声叫我和你一起北上，北上你挣到多少钱回来，还不如在南京和上海往来方便。这个家你到底还要不要？

志摩更觉得委屈，接到你催促的电报，我坐如针毡，我是想回来呀。但总得需要筹集路费呀，前段时间写信，不是给你寄去几百元了吗？再说，回上海来，也是为了撮合这桩生意，挣点外快，贴补你的欠账，为了你，我什么都做了，难道你没有一丁点儿感觉？自己节衣缩食不说，整天劳累奔波，你该有一点同情心才是，怎么一见面就大吵大闹呢？

小曼对经济是一个只问结果，不问来源的人。她不会体察到志摩的苦楚，以至于连志摩裤子上开了一个洞，作为一个妻子也没有察觉，甚至在志摩临死时，也是带着这个破洞前往天国的。

这种争吵是没有结果的，有钱才是硬道理。

后来的几天两人的矛盾逐渐升级。据郁达夫的回忆文章说：“当时陆小曼听不进劝，大发脾气，随手把烟枪往徐志摩脸上掷去，徐志摩连忙躲开，幸未击中，金丝眼镜掉在地上，玻璃碎了。”

陆小曼的这个举动，尺度过大。一个烟客居然用烟枪去砸她的供养人。

这一砸，也许是因为徐母去世，陆小曼未能吊孝，孤居旅馆，然后悻悻而回；也许是因为自己在家中的地位竟然不如已经离婚的张幼仪，而张幼仪在北京，志摩还经常去探望；也许是情敌林徽因回到北京疗养，志摩经常前去探病……那些绯闻，难道就不长翅膀吗？眼下这个家，入不敷出，维系困难，难道不该砸吗？

是啊，眼镜掉了，玻璃碎了，心也碎了一地。一腔热血的志摩，玉树临风的志摩，劳碌奔波的志摩，该起程了。两个曾经生死相依的人，两个曾经海誓山盟的人，竟以这样的方式，永别了。

18日，志摩到了南京，住进好友何竞武的家里。当晚，他又到张歆海家，杨杏佛当时也在场。

徐志摩对朋友们说，他决定明天搭乘中国航空公司的邮政班机济南号返回北平，因为这是免费的。这张免费机票是在中国航空公司财务组任主任的朋友保君健赠送给他的。他原计划乘坐张学良的福特式飞机回北京，不料，张的飞机因有事改变飞行时间了，加上他须于19日赶到北京协和小礼堂，去参加林徽因关于中国古代建筑的讲演。

几件凑巧的事和不凑巧的事终于凑到一起来了，这是命运对徐志摩冥冥之中的安排？

人们注意到，一向风度翩翩的志摩，这次的穿着与以往不同，他们竟然发现志摩穿的西裤上有一个窟窿，且裤腿又短又小，裤腰上连腰带也没有。

志摩反不以为然，他索性快步走到人群中间，像话剧小丑一样开始旋转起来，并说这是和小曼在争吵之后仓促出门，随便找的一条裤子穿上的。他嬉笑着说："这并不影响我的诗人形象吧？"

天真烂漫的志摩，孩子心态的志摩。他几乎不对人设防，也不以为痛苦就是恒定的。他能迅速地从家庭矛盾中解脱出来，融入朋友们的快乐中去。他把一颗最善良的诗心毫无保留地呈献给了这个世界。

这天晚上，朋友们一边调笑志摩为爱情节衣缩食，为爱情穿有窟窿的西裤，一边讨论“人生与恋爱”这类人生命题。谈笑间，韩湘眉突然冒出一句：

“Suppose something happens tomorrow（明天可能要出事），志摩！”这是一个女人的第六感觉。

“不会吧，天气这么好，不会有事。”志摩顽皮地反问，“你不会希望我死吧？”

“小曼有没有说什么？”韩湘眉问。

“这次没有。之前她说过，我如坐飞机死了，她就做Merry Widow（风流寡妇）。”

在旁的杨杏佛插嘴道：“All widow are merry（凡是寡妇皆风流）。”于是众人大笑起来。

谈兴正浓，不觉已是深夜，志摩要和大家告别了，他要赶到何竞武的家里去，因为那里离明天的登机地点最近。

这是一个临死之人的最后一个晚上。陆小曼并不知道这一切，她什么也不能做，什么也做不了。

12月6日在北平分会场举行的追悼会有林徽因在操持，陆小曼因体弱多病不能前往。12月20日在上海万国殡仪馆举行了公祭悼念仪式后，灵柩于1932年春运回故乡海宁硖石，安葬在硖石东山万石窝。

在海宁硖石徐志摩的追悼会，陆小曼也未能获准参加。这时的徐申如对陆小曼恨之入骨，他认为是陆小曼害死了自己的儿子。如果小曼不吸食鸦片，如果小曼不讲排场、爱虚荣、挥金如土，志摩也不会夜以继日、四处奔波赚取外快，更不会因要节约路费而搭乘免费的飞机致死。如果没有小曼和志摩的这一次争吵，如果小曼的烟枪不砸向志摩，如果志摩不负气出走，匆忙赶回北京……这一切的惨剧的发生，都是因为陆小曼。

作为死者妻子的小曼，心里好受吗？就连林徽因也能在北京主持追悼会，张幼仪从上海到硖石，和徐父一家人更是相伴不离。

她们都能张罗操办志摩的丧事，也能在公众的视野里展示她们的情与义，而徐家名正言顺娶进家门的志摩的妻子，只能作为旁观者被晾在一边。

难道徐父不是害死志摩的间接凶手吗？如果徐父不那么计较这桩婚姻的前因后果，如果徐父真是爱惜自己的儿子，不截断他的经济来源，如果徐父像对待张幼仪一样对待小曼，那么，志摩会这样死吗？

在万国殡仪馆公祭这一天，12月的上海已经是非常寒冷了。天空没有云，灰蒙蒙一片，似雾非雾，压得很低，冷风吹来，有刺骨的疼痛。偶尔掉下几片梧桐叶，随风飘进胡同的死角，就再也不动了。

小曼穿了一身全黑色的丧服，连头上也包了一方褐色的纱巾。她半躺在一张陈旧的沙发上，眼帘低垂，像是在喃喃自语，又像是在凝目静思。那从纱巾里斜飘出的头发蓬乱地在北风中顽强地挣扎着，脸上泪痕已经胶着成薄薄的一层硬壳，但凡见到来者，只是抬起她有气无力的手臂，轻微地颤动一下，算是打过招呼了。来者点点头，意会一下，却并不说话。

这个女人，已经不是烟客，也不是名媛了，她只是个新丧偶的寡妇。当她见到志摩灵柩的一刹那，那疾步上前倾斜的身子，那伸出的颤巍巍的手，抚棺的一声尖哭，足以让整个世界凝结成冰。

紧接着，她就晕死过去了。

与小曼同时哭得死去活来的还有一人，她就是志摩的前妻张幼仪。

人生三大悲莫过于：幼年丧母（或父）、中年丧偶、晚年丧子。徐家在这一年中仅相隔四个月，就有两丧，岂非造化弄人。

此刻的陆小曼，分明感觉到自己是一个边缘人，一个被活生生地孤立于众人之外的丧门星。她在承受巨大的丧夫之痛外，还要承受来自外界各方面的舆论压力。

如果说小曼和志摩的再婚，是对封建礼教的一次反叛，在成为事实并被人们逐渐接受，尚可理解，那么，从热恋走向婚姻，而陷入生活与情感困境，则是人的性格和价值观迥异造成的恶果。他们婚后的生活轨迹走向了彼此的反面，以至于不能自拔。

“好吃懒做”“贪玩好耍”，志摩的勤俭和小曼的奢华形成了鲜明的对比，谁的家里养了这么一个极尽奢侈的主人，日子都不会好过。人们自然不会说小曼的好，只会同情志摩的遭遇。这是经济基础带给精神生活最直接的伤害。

最不能理解的事情，是小曼既然已有二婚史了，同时又与翁瑞午保持着暧昧的关系，你既爱志摩，又为何新生别恋？这是家族不能容忍和不被外人理解的。

吸食鸦片治病也不是什么正当的理由，上瘾之后，这种依赖远胜于女人对婚姻的依赖。交际花和名媛在当时恐怕是贬义和褒义对同一人的代称。

有了那些风花雪月的生活经历，要想改变这种约定俗成的看法是很难的。不管你陆小曼做了什么，内心是如何爱志摩，如何不把社会舆论放在眼里，它总是上不能见容于父母，外不能见容于亲友。

“下流”离“风流”只有一字之别，“浪荡”和“浪漫”也会混淆视听。

而小曼个性的执拗和任性，又加剧了事态的发展。徐志摩从一个被西化了的浪漫主义诗人，逐渐沦丧为为金钱而奔波的“物欲主义者”，小曼却仍然活在公主式的空幻世界里。

对爱和美的追求并没有错，接受别人的爱和赞美也没有错，但她不是一个量入为出的掘金者，而是活在感性世界里的一朵温室中的花草。

一个寄希望于通过转型来改变彼此及婚姻生活的质量，一个我行我素、自暴自弃，仍愿意通过被动的赐予来获得精神生活的极大满足。尽管彼此都没有欺骗对方，但这种被价值观撕裂的伤口，在长时间的繁杂琐碎中，被一天天拉大。

志摩的死，能和小曼没有关系吗？所以她不但悲伤，而且十分悔恨。悔恨自己，既有今日，何必当初。然而，这种悲剧结局的悔恨，来得太晚了。

22. 辗转成谜的八宝箱

因为徐志摩的死，陆小曼成为“红颜祸水”的代名词，她是害死人的“妖精”。她青年时代曾经在北京赢得的美好名声，都因这场婚姻和飞机失事而烟消云散。

志摩的生命中，除了陆小曼，还有过其他女人，这当然是指张幼仪和林徽因了。

站在张幼仪的角度来看，她对志摩的死，是一种怨，同时有一点冤。怨他死得冤枉。如果没有当初的离婚，说不定现在还能保全性命，很好地生活下去。

林徽因是“憾”，同时夹杂一点“怜”，慨叹他不应该这样早早地离去，怜悯他一腔痴情，换来的却是血的教训。

这两个女人对陆小曼只有一个字来形容：“恨！”

徐志摩生前生活的窘状可见一斑，如果非要说到遗产，那就是他的书稿，还有一个很神秘的箱子，这就是后来人所称的“八宝箱”，凌叔华叫它“文字姻缘箱”。

所谓“八宝”，其实只是一个普通得不能再普通的箱子，里面存放着志摩在不同时期的日记、信件和一些手稿。

1925年3月9日前，志摩为避流言蜚语，在胡适等人的劝导下，决定再次旅欧。临行前他把一只小皮箱交给了凌叔华，请求代为保管，这只小皮箱就是后来的“八宝箱”。

凌叔华淳朴敦厚，沉静好思，谨小慎微中藏着一股睿智的机灵劲。在志摩的心里，凌叔华忠诚可靠，是为他保守秘密的第一人选。

说到箱子里的秘密，无非是志摩在剑桥大学期间和林徽因之间的往来书信、日记，这个是不能让陆小曼看到的。相反，在陆小曼还和王赓在一起的时候，志摩为追求陆小曼，也为小曼写下了大量的日记和信函，这里面也包括小曼写给志摩的日记和信函，这个，同样不宜让林徽因知道，也不能让其他外人知道。

志摩回国后，与陆小曼结了婚，这箱子也搬进搬出了好几次，里面的东西也被存入和取出过几次，但始终存放在凌叔华处。因为志摩不可能把箱子随时带在身边，也不可能放在家中，家中有小曼，那安全吗？

一个男人分别和两个女人之间的秘密，只能单线联系，不能横向串通，落在哪一方的手里，都会引起口角是非。而作为红颜知己的凌叔华，既不会给陆小曼和林徽因泄密，更不会把这些秘密对外人传出去，因为她是志摩非常信赖的“好同志”。

按法律程序，陆小曼对这口箱子有完全的继承权和处置权。

然而问题开始变得复杂起来了。首先出面的人是林徽因，她对胡适说，徐志摩生前跟她说过，他在剑桥的时候写的日记，在将来要送给她作为纪念，期望通过胡适出面，在凌叔华处，把那些与她有关的日记信函拿过来。

林徽因为什么急着要这些东西呢？不难想象，她现在是有夫之妇，且社会名声很好，如这些日记落入别人之手，一旦公之于众，恐怕会影响家庭关系，也害怕损及社会名声。

她想得到这些与她有关的“康桥日记”，她说，“我不会以诗人对我的赞美为荣，也不会以被诗人爱过为耻。我就是我，宠辱皆忘。面对曾经曲折的旧历史，我只是好奇，我只想读读那些日记，得到一种满足罢了，在回味中，来纪念老朋友而已”。

她说她接受的是旧教育，不会赶新潮和时髦，她得对得起家人，就算志摩还活着，她也不可能爱他，她爱她现在的家胜过一切。

这分明是说，她要和康桥那段记忆划清界限，尽管有过朦胧的恋情，时移世易，她对志摩没有太多的感觉，而是诗人的自作多情罢了。

既如此，何必介意那些日记呢？管他志摩怎么写，应该是他的事呀？

胡适接到林徽因的意向信，认为这个要求在理。于是他以收集整理志摩遗作为名，给凌叔华去信讨要。

胡适很顺利地得到了这口箱子，但随即就把它交给了林徽因。

凌叔华知道箱子没在胡适处而是转交到林徽因处时，大吃一惊。因为那里面有两本日记是陆小曼的，小曼在日记里有很多记载关于林徽因的闲言碎语，且有骂林的语言。

凌叔华的本意是，暂存胡适处，将来有机会再转交给陆小曼本人。

事已至此，无法挽回。但事情还没完，林徽因看了箱子里的内容，反而说少了一本“康桥日记”，又返回来向凌叔华讨要。果真如此，凌叔华就有私吞部分遗稿之嫌了。这样一来二去，相互埋怨、索要，闹得很不开心。

小曼想编著志摩的遗著时，找到胡适，提起志摩生前曾有过一口箱子的事情，期望他能给予一些帮助。小曼的语气很低沉，几乎是小心翼翼地恳求，她还希望胡适能够在徐老爷子面前为她说几句好话，以至于能够解决她因失去志摩后生活上的困难。

“老太爷处等你来决定，盼你最后一次与我稍为卖一点力气……”弱势的小曼对志摩的好友，也是他们的大哥胡适这样说。小曼的意思很简单，想通过胡适去找徐老爷子，拿点钱来，解决目前的经济困境。

“先生盼你救我一救吧！”

“我想你一定不能如斯的忍心，你爱志摩你能忍心不管我吗？”

“我只盼你能将我一两年内的生活费好好与我安排一下……这一两年内我不能受经济的痛苦了。”

小曼给胡适的信，已经是哀鸣了。她又一次提到了“八宝箱”：“志摩还有不少信、日记在京请你带来，不要随便与人家看，等我看过后再发表……叔华来信想将她那里的信送我，我真是万分地感谢她，在此人情浅薄的时间，竟有她这样的热心，叫我无以相对。”

唉，可怜的小曼。箱子早已不在胡适手上了，就连凌叔华要编《志摩信札》，向林徽因要资料，也没有下文了。

小曼有两本日记也在那口箱子里，凌叔华是知道的。她说，志摩生前她就看到过这两本日记。林徽因把箱子取走了以后，她又从林徽因处要回了这两本日记，随后交给了胡适。今天公开出版的《小曼日记》是根据八宝箱里这两本日记整理出来的吗？胡适最终把日记转交给陆小曼没有？

然而有趣的问题来了。对于《小曼日记》的来龙去脉，小曼自己却说：“其实关于这本日记也有些天意在里边。说也奇怪，这两本日记本来是随时随刻他都带在身旁的，每次出门，都是先把它们放在小提包里带了走，唯有这一次他匆促间把它忘掉了。”

很显然，出事之前，志摩在家里和小曼发生争吵，一气之下，在慌乱中收拾行李，一时忘记了带走这两本日记而留在上海的家里了。

那么，接下来的问题是，凌叔华说的从林徽因处讨要来的两本日记又是从哪里来的？莫非箱子里和上海家中同时各存有两本？要么有一套是复制，要么小曼一共写了四本日记？难道日记主人小曼也记不清楚自己究竟写了多少本？这其中必有一方在说谎或者真的忘记了那些曾经写过的日记。

如果陆小曼的话是真的，那么林徽因就断然不会看到小曼在日记里谩骂林徽因的那些话了，也不存在胡适再将日记转交到小曼手中的事。

如果凌叔华的话是真的，那么八宝箱中的日记有可能是除陆小曼手中两本日记以外另外写的日记，但胡适最终还是没有把这些日记转交到陆小曼的手中。

作家赵家璧的回忆文章写道：“他们二人都还各人写过几本，当时小曼曾告诉我，保留在凌叔华手中。她当时曾去信要求借来编入（志摩）全集，却连一封信也不复。”

陆小曼的意思是说，她和志摩之前的日记，还有一部分留存在箱子里了。只是苦于要不回来，于是又对凌叔华也产生了怨气。

按照胡适的安排，是想把志摩的遗稿收集起来，统一研究整理出版，现在倒好，不但没有统一集中起来，反而各奔东西了。

一切都怪罪到凌叔华身上。林徽因开始生气了，她写信给胡适骂凌叔华："我以前不认得她，对她无感情，无理由的，没有看得起她过。后来她嫁通伯，又有《送车》等作品，觉得也许我狗眼看低了人，始大大谦让真诚地招呼她，万料不到她是这样一个人！真令人寒心。"

胡适没有办法，只好又写信给凌叔华陈述资料分散的弊端，委婉而坚定地希望她把截留的部分手稿、日记交出来。凌叔华迫于胡适的面子和压力，只好将日记给胡适送过去。但凌叔华送过去之后的日记到哪里去了呢？上面已经谈到，陆小曼并没有收到这些转交来的日记。

这事发生在北京，徐志摩死后的几个月内。其实，陆小曼远在上海，一直都不知道这八宝箱几经辗转，箱内信函稿件四分五裂，凌叔华、林徽因、胡适三人之间闹得不可开交的事情。她更不知道，志摩和胡适的通信中涉及的，胡适劝志摩离开上海到北平，和陆小曼离婚的建议。因为，志摩的消沉怠惰和生活的狼狈不堪，都是陆小曼一手造成的。

很多年过后，凌叔华回忆当年的情形，她对徐志摩的表弟陈从周说，胡适之所以这样逼她交出日记，是因为他当时很热衷政治。因为志摩的死，清华、北大的教授、社会名流等，都想知道有关徐志摩生活经历的内幕，所以常常到他的家中拜访闲聊。胡适自然想通过这些关系来结交这些人物。

从凌叔华的角度讲，身为志摩的红颜知己，且有代为立传的遗嘱，即使留下那些日记，也恐非出于私心，近水楼台先得月，编辑《志摩信札》也是对志摩最好的纪念和追思。她保管了那么久的箱子，不但没有得到那些日记，反而惹了一身的骂名，其实也冤否？

说到他们之间的关系，凌叔华和胡适曾经一起租赁过林徽因娘家的老房子，胡适还是凌叔华的二房东。虽然胡适比凌叔华年长很多，叔华一直叫他“适之”，足见其并不生分。胡适和他的房东林徽因自然交情深厚，在八宝箱这件事情的处理上，胡适也不好过分偏袒谁，他只能以老大哥的形象在她们之间去游说、去磨合。

陆小曼除了和胡适的关系较近以外，和另外两个女人几乎没有交集。她要得到八宝箱里的任何资料，也只能通过胡适来完成，但胡适最终选择了沉默。

八宝箱是志摩社会活动的总线索、总缩影，由此展开的争夺战，是对人生世相的真实描绘。他们站在各自的立场，似乎想掐断曾经的过往，或者是想留住曾经美好的记忆。一些微妙的需求和心理变化，使他们曾经失和，也使他们最终选择和解而遗忘。小曼只是其中的重要参与者，她无法选择，无法抗争，无法把自己的投影从箱中取出。

八宝箱里的纸上写满了情债。人鬼情未了，有些人选择索回，有些人选择偿还，有些人选择忏悔。

23.　让我再为你做些事

“我不仅要爱的肉眼认识我的肉身，我要你的灵眼认识我的灵魂。”（志摩《爱眉小札》·日记/1925/8/18）

徐志摩叫小曼不仅要爱他的肉体，而且要爱他的灵魂。苏格拉底认为肉体只是仆从，灵魂才是主人。肉体阻碍灵魂获得纯粹，唯有二者分离，灵魂才能得到升华。

现在他的肉体消失了，灵魂还在吗？小曼要去爱他的灵魂，怎么去爱？

志摩走后的这一个多月，她躺在病床上，一言不发。

她哭过，泪也干了；她痛过，心也麻木了；她悔过，情也黯然了。她满腔的悲伤，现在去向谁倾诉？

回想自己的一生，童年优越，少年得志，青年时期风生水起，浮华烟云中，虽无惊世骇俗之举，却也光鲜照人有余。从来不知道悲伤和心痛为何物的自己，此刻竟陷入巨大悲痛的黑暗中而无法自拔。

这是姻缘的定数还是因果的轮回？生活才刚刚开始，生龙活虎、谈笑风生的你竟先我而去了，留下我一个人孤苦伶仃地在人间继续遭受罪孽。这是老天不公，还是我们前世欠下的孽债，今生必须偿还？你既爱我，怎忍心抛下我，独自一人云游天国。如今我还有生的渴念吗？这寂寞无助的岁月，到什么时候才是个尽头？

一个浑浑噩噩的人，绝望的人，看不到未来一丝亮光的人，她想起了志摩的好、志摩的执着、志摩的暖心与善解人意。

“记得我在北平的时候，那时还没有认识你，我是成天地过着那忍泪假笑的生活。我对人老含着一片至诚纯白的心而结果反遭不少人的讥诮，竟可以说没有一个人能明白我，能看透我的。”（摘自《哭摩》）

志摩能够读懂她的心，志摩能够穿透她的灵魂，只要她心有所想，志摩第一时间就会猜到，心有灵犀不过如此罢了。在这段时间里，小曼改变了因遭受讥诮而被迫对人强装假笑的习惯，转而用内心的一片赤诚去面对世界。

人生难得一知己，千古知音最难觅。温暖的岁月，有温暖的人，有温暖的宽慰和理解，别人的指责和蔑视又算得了什么呢？所以，“我老说，有你，我还怕谁骂；你也常说，只要我明白你，你的人是我一个人的，你又为什么要去顾虑别人的批评呢”？（《哭摩》）

志摩就是这么一个天真烂漫的人，再大的困难，在他的开导下，一切都会烟消云散。即使在小曼生病的日子里，志摩也始终是百般宽慰，千般伺候，万般焦虑。他把小曼捧在手心里，就像捧着一根发丝，生怕一不小心，就被风吹走了。

如今，由谁来如此地爱我，怜我，知我冷暖，知我疼痛？天堂不远，来者可追，小曼我来世再报答你吧！

你为我荒废了你的诗意。在你写不出诗的日子里，还百般鼓励我写诗、作画，做一个有作为的人。你说，哪有诗人太太不会作诗的，多惹人笑话。我是辜负了你的一片赤诚和教导。我的清闲和无所顾虑，来自你坚强有力的臂弯，有你的呵护，我还有什么可担忧的呢？

然而我错了。在你这样一位优秀的导师面前，我却没有丝毫的进步。非但如此，还因病痛染上了吸食鸦片的恶习。这恶习又一天一天地蔓延，使我在不能自拔中，对你产生非分要求的怨言，我这才真的明白，你是想救我。如果我听了你的话，随你一同北上，是绝不会发生这样的惨剧的。我到底还算是人吗？把一个可爱的志摩就这样断送了。天哪！

想到这里，小曼这颗破碎的心，一下子又开始血脉偾张了，她不停地哮喘起来。在这个寒冷的冬季，此刻，房内能听见一根针掉下来的声音。她一会儿左右侧翻着身子，一会儿直视着天花板，忽然又一骨碌坐了起来。

“受苦的人没有悲观的权利。”她突然记起，志摩经常给她讲的这句话。悲观即厌世，厌世就会对生活失去信心，这是志摩生前所不愿意看到的。

不管你正经受着多大的艰难困苦、悲痛的折磨，信心的丧失和意志力的摧毁都将使你一蹶不振。接下来的生活，将是继续颓废。

命运负责洗牌，但是玩牌的是我们自己。流泪也罢，滴血也罢，生活仍将继续。即使你仅剩下一丝游气，那么请你别再乱动，安静下来，慢慢深呼吸，再平缓地吐出来，多循环几次，底气不断加大，这犹如佛灯之火，用手在风的背面遮挡一下，火焰就不会熄灭。人在绝望的时候，同样也可以绕到生活的背面，静下心来思考一下。

这样安静下来真好。小曼感觉到自己的眼圈在逐渐放大，眼前有一团熊熊的烈火在燃烧，火光中，有一个人影，被焚烧得毕剥作响。她清醒地认识到，那人影就是她自己，曾经的、旧时的自己。她看着那火苗向上蹿动，影子越来越小，越来越小，最后化作一缕青烟，袅袅腾空而起，随后一阵北风吹来，打在她的脸上。

小曼猛然惊醒。这难道真的就是灵魂的转化吗？眼前的小曼已经不是原来的小曼了。她潜意识的苏醒，仿佛看到志摩在天国向她遥遥挥手。既已失去志摩的身体，不能再让他的灵魂丢失，她要为他做点事情，完成他未完成的遗愿。

“我若能单独撞出一条光明的大路也不负你爱我的心了，愿你的灵魂在冥冥中给我一点勇气，让我在这生命的道上不感受到孤立的恐慌。我现在很决心地答应你从此再不张着眼睛做梦躺在床上乱讲，病魔也得最后与它决斗一下，不是它生便是我倒，我一定做一个你一向希望我所能成的一种人。”（《哭摩》）

小曼暗暗下定决心，不但要与病魔斗，还要坚强地活下去，做志摩希望的那种人。“我只叫我的心从此麻木，不再问世界有恋情，人们有欢娱。”（《哭摩》）

是的，小曼做到了。从此她将不再贪恋人间恋情，也不再夜夜欢歌。昔日的名媛、阔太太，上海滩十里洋场上的一枝花，已经死去。她将一身素服，闭门不出，谢绝一切交际应酬，潜心做自己想做的事情。新的陆小曼诞生了。

因为“我的灵魂去追随你的左右，像一朵水莲花拥扶着你往白云深处去缭绕，决不回头偷看尘间的作为，留下我的躯壳同生命来奋斗。到战胜的那一天，我盼你带着悠悠的乐声从一团彩云里脚踏莲花瓣来接我同去永久的相守，过吾们理想中的岁月”。（《哭摩》）

小曼接下来要实现她的愿望：“遗文编就答君心。”一个偶然的机会，让小曼决定和作家赵家璧一起合编《志摩全集》，拟交上海良友出版公司印刷出版。

赵家璧（1908—1997）徐志摩的学生，著名的出版家、作家和翻译家。祖籍上海松江，就读光华大学附中时，即主编《晨曦》季刊。他任良友图书印刷公司主编时，结识了鲁迅、郑伯奇等左翼作家。

志摩去世后，赵家璧想刊发志摩生前交给他的遗作《秋》，连同自己的纪念文章《写给飞去了的志摩》，用以寄托哀思。这需要一张徐志摩的照片，于是找到陆小曼，希望能提供方便。小曼当然很欢迎，交流中，谈到她还珍藏了志摩很多遗稿、日记、信札等资料，期待能编辑出版一本《志摩全集》。赵家璧正有此意，于是一拍即合，编纂意向书就这样达成了。这是志摩去世已经一年多后的事情了，因为陆小曼在这一年多里，一直处于病态中。

要编辑这样一部全集，首要任务是收集稿件资料。逝者不远，相关当事人还在，想想也不算很难。于是陆小曼和赵家璧经过商量，写了一封言辞恳切的信，以期得到志摩生前好友的支持和帮助，为这本书提供一些志摩往来书信的手稿等资料。赵家璧找到茅盾征求编纂意见。茅盾说：“徐志摩的诗，在当时的新诗作者中还没有人能与他比。日记和书信是研究一位作家的重要资料。”他赞成赵家璧的做法并积极支持。赵家璧还拜访了郑振铎、冰心、胡适、周作人、沈从文和陈梦家，这里面，只有胡适表示沉默。作为志摩的生前好友，赵家璧表示不解。

人走茶凉，就这么简单。徐志摩生前的好友，都不愿意提供书信资料，他们给出的理由是，徐志摩是陆小曼害死的，现在由一个害死志摩的人来收集整理出版《志摩全集》，心理上过不了这个坎。包括胡适在内，也有部分相同的理由。当时收到的资料仅有“致刘海粟十九通”“致蒋慰堂九通”“致郭有守九通”“致郭子雄八通”。

1935年10月，胡适到上海，赵家璧做东宴请胡适，席间陆小曼作陪，宴请的主要目的当然是谈志摩的书稿、信函。小曼对胡适谈到志摩的手稿、日记和信函，同时期望他能够站出来代为收集志摩北方朋友的书信，最后顺便也谈到八宝箱中已经被分散保存的志摩日记，以便编入《志摩全集》。他们甚至想请胡适为这部书写一篇序言，但胡适对此不置可否，用沉默做了索然无味的回答。

陆小曼深感世态的炎凉。在失望之余，决心凭借自己手中的大量资料，再结合零星收集起来的部分资料，开始着手编辑。她再不愿意开口去求人了。

陆小曼把她手中的日记、信函等资料全部搬出来，虽然有些东西是不宜对外公开的。就连志摩在国外寄回来的英文信件，也拟将翻译过来，凑成篇幅，现在顾不了这么多了。她给赵家璧打气，一切按计划行事，编辑所需稿件没有大问题。

就这样断断续续地筹集资料，直到1935年年末，稿件大致已经凑齐十卷了。陆小曼亲自动手，她将散文、诗歌、信函、日记分门别类进行编辑，因为从未做过编辑工作，开始的时候，头绪还是有点乱，随着工作的进展，也就逐步地熟悉起来了。这一次，她是用纯正的小楷，一笔一画地辑录。那认真和虔诚，是前所未有的。一想到即将出版面世的《志摩全集》，她的心里充满了无限的喜悦和期待，这是她献给心爱的人最好的礼物。

真是好事多磨，胡适的介入，使这本辛辛苦苦编辑的《志摩全集》样稿如泥牛沉入大海。

原来胡适并非不想出版这部书，而是不愿意把这部书放在良友出版社出版，他也不愿意志摩这样重量级的作家诗人的著作由赵家璧这样的小字辈来编辑。

他找到陆小曼，说《志摩全集》不宜在“良友”出版，他已经和商务印书馆的馆长王云五商量好了，可由商务印书馆出版发行，同时马上可以得到预付的版税钱两千元。

提前预支两千元的版税，无疑是一支兴奋剂。这对困境中的陆小曼，简直就是意外之喜了。

小曼解除了跟赵家璧的意向性合约，改为和商务印书馆签订了正式合同，所编稿件一并移交给商务馆。赵家璧付出了这么多心血，陆小曼说不合作就不合作了，多少心里有些不快，但有钱能使鬼推磨呀，小小的良友出版社自然无法与大商务馆一决高下，赵家璧也没有必要再去得罪胡适。

按理说，这事也算八九不离十了，可是战争又来了。“八一三”淞沪会战在上海打响，恰好这时陆小曼又生了病，几个月后再到商务馆去询问，才知道商务印书馆早就已经迁移，迁到哪里去了也不知道。从此，再也没有关于商务印书馆及出版这部书的消息了。

犹如当头一棒，陆小曼蒙了。她在后来的回忆文章中写道：“我怀着一颗沉重的心回到家中，前途一片渺茫，志摩的全集初度投入了厄运，我的心情也从此浸入了忧愁中。除了与病魔为伴，就是整天在烟云中过着暗灰色的生活。”

抗战结束后的1946年，赵家璧再去看望陆小曼时，提起往事，小曼声泪俱下，后悔不已。她对赵家璧讲出了胡适搅局的原因，和自己急于想得到这笔钱的心态。现在后悔也来不及了，赵家璧反而宽宏大量地对陆小曼给予安慰，还愿意继续编辑志摩别的稿件，整理出来重新出版。这就是后来的《志摩日记》，由晨光图书出版公司于1947年3月出版的合集。

小曼在这本《志摩日记》的序言中写道：“我决心要把志摩的书印出来，让更多的人记住他，认识他。这本日记的出版是我工作的开始……我预备慢慢地拿志摩的东西出齐了，然后再写一本我们两人的传记，只要我能完成上述的志愿，那我一切都满足了。”

对爱的执着，使小曼始终没有放弃对志摩遗著的编辑出版。1954年，小曼突然接到北京商务印书馆寄来的喜讯，说新中国成立前的《志摩全集》稿件已经找到了。由于时代原因，暂不宜出版。稿件退还，之前所预付的两千版税也不用追偿了。

真是天大的喜讯，小曼有些漫卷诗书喜欲狂了。这仿佛是志摩在冥冥之中的庇护，又仿佛是自己精诚所至，金石为开。

“我一定做一个你一向希望我所能成的一种人，我决心做人，我决心做一点认真的事业。”这是小曼在《哭摩》中的表白，也是誓言。她言必行，行必果。虽然在小曼有生之年没有亲自看到这部书的出版，但她尽最大努力，尽到了一位妻子的责任，也践行了自己的诺言。

1983年，这套《志摩全集》由香港商务印书馆出版并在海外发行。

24. 没有你的后来都是余生

陆小曼一生到志摩的故乡一共五次。时间最长的一次是他们在北平新婚后，遵父母之命，回硖石举办传统的婚礼，并在此筑下爱巢，徐志摩称之为“香巢”。这爱巢是老父亲徐申如花巨资为他们建造的现代化的新洋楼，在这里，他们度过了短暂而宁静的神仙生活，为避战乱，他们才被迫移居上海。

第四次回家，因徐母仙逝，虽然离家近在咫尺，终因徐父反对小曼前来吊唁，她在硖石街道的小旅馆做了短暂的停留，随即离开了。这次是一次很伤感情的回家。

第五次回家，也是最后一次，1933年清明节这一天，她是来给徐志摩扫墓的。一个人。细雨纷飞。一年多了，横跨两个年头，她想来陪陪志摩说说心里话。

硖石的天空低沉而阴霾，细雨飘洒的江南，泥泞小路上，一个孤单瘦弱的身影向志摩的墓地徐徐走近。那油纸伞，有雨巷的寂寥、丁香的幽怨、黄昏燕子呢喃的落寞。

海宁东山上，胡适所题“诗人徐志摩之墓”这几个字就在那里。坟茔上刚长出的新草从墓石的狭缝中旁逸斜出，在微风里瑟瑟颤动，像期盼她的到来，又像惧怕她的凝视。

墓中那个人，他只是睡着了，甜甜的，一个人，在这里吟诗、编著，仿佛是在康桥，也好像在新月俱乐部，更像在西湖，在雷峰塔的倒影里沉浮。

那孩童般稚嫩的笑，那滔滔不绝、激情飞扬的演讲，那灯光下奋笔疾书的靓影，温馨的卧室，柔曼的纱窗，宽而暖的手臂，一起遥望银河星系的月夜；那些娇嗔的回眸，深情的对视，林荫下牵手而行的依偎。

她的眼前出现了1925年春天游北京西山的场景，那漫山遍野的杏花白，几间茅屋，两三声犬吠。夜宿广济寺，流淌的花香，月光下的梦，“又觉得你那伟大的手，紧握着我的手往嘴边送，又好像你那顽皮的笑脸，偷偷地偎到我的颊边抢了一个吻去”（《小曼日记》·1925.5.11）。

“哥哥，小眉来看你来了！”小曼泪如雨下，一声哽咽，几欲晕厥过去。

小曼回望那幢中西合璧的洋楼，那甜蜜又忧伤的哀愁又涌上了心头。香巢里的婚床还在，衣橱还在，梳妆台还在，“眉轩”里面书香还在飘逸，志摩接过她手中的剩饭，津津有味地吃着，然后，她把两只手臂钩住志摩的脖颈，志摩弯下腰，正抱着她上楼回卧室。

别了，志摩！别了，硖石！别了，香巢！小曼在心里暗暗地说，这是最后一次来看志摩了。于是她写下这样的诗句：

肠断人琴感未消，此心久已寄云峤。
年来更识荒寒味，写到湖山总寂寥。

一对红烛，一把香。坐下来，和你默默地说着心里话，但断肠人又有什么话可说呢？昨日之事，如在眼前，一曲琴音犹在耳边，只是我的心早已寄给高高的山巅，什么功名利禄，什么灯红酒绿，什么名媛倾城与倾国，一切都是虚妄。此身一去，随着年轮的增加，心中只会更加荒凉和寒冷，如此湖光山色美景，同样寂寞无归处。

1933年，陆小曼看到的志摩墓前的墓碑上只有胡适所题“诗人徐志摩之墓”。而今的志摩墓已经经历了三次变迁：1966年，志摩墓被红卫兵炸毁，尸骸被暴荒野；1983年，海宁市政府迁址西山重建，墓中只有一本《徐志摩年谱》，就连后来徐申如请凌叔华重题的碑文“冷月照诗魂”也荡然无存；最后一次又把徐志摩的墓地迁到西山北麓白水泉边，并由徐志摩的亲戚陈从周教授设计并撰迁墓记。现在看到的徐志摩墓，古朴典雅，白石地板，青石台阶，整个墓形状如一弯新月，有纪念“新月派”之寓意。

历史，就像一条曲折迂回的河流，它时而波光粼粼，一碧万顷，时而波涛汹涌，一泻千里。然而时光的过滤器，终将不会忘记那些闪闪发光的感动和历久弥新的事实。当然，小曼已经无法得知这一切了。

志摩死后的小曼，生活仍将继续。她一方面要与旧的生活方式彻底决裂，一方面又想从此站起来，真真正正地做点有益事情，但鸦片毒害太深，一时也无法痛下决心戒除。相反，随着焦虑和病痛的加深，她对鸦片的依赖更加强烈。她当然还是离不开翁瑞午。

翁瑞午这个人呢，有人说他是纨绔子弟、花花公子，也有人说他是风流倜傥，玉树临风；胡适说他是“一个自负风雅的文化掮客”。言下之意，不管你翁瑞午有万贯家财也好，不管你见多识广，爱好众多也罢，也更不管你是否有一技之长，或者广施恩德，为人随和，总之，你翁瑞午在文学艺术领域只是略懂皮毛的门外汉，不见作品，所谓的风雅是一种自我感觉良好的表现，充其量是一个披着文化外衣的商人，借文化的名义，倒腾文化和艺术品，在社会上招摇撞骗罢了。

胡适的这种说法，似乎有失公允。他仅从文化学者的角度来观察翁瑞午也许是对的，但从情感的角度来说，翁瑞午应该算得上一位情痴。

翁瑞午对陆小曼的情，是一种倾慕，是彼此的欣赏和认同，而不是单纯的性。假设翁瑞午是为了性，那么，他们从1925年年末或1926年年初相识，一直到1938年才正式与陆小曼同居，隔了整整十三年啊！

这十三年，他可以去追别的很多女人，而不必把精力都放在陆小曼的身上，何况志摩在世的时候，他没有下手，志摩死后的七年间，他也没有下手。如果说志摩在的时候，他和陆小曼玩暧昧，那么，志摩死后这么多年，就不必用暧昧的玩法了。他完全可以直截了当地说，小曼，我们同居吧！

从依附关系上来说，志摩死后，小曼除了徐申如每月给的生活费外，其余大部分开支都是翁瑞午提供的。一个经济不能独立的女人，在得到一个对自己倾心的男人的帮助的时候，其感激之情和顺从意识是很强烈的，如果翁瑞午抓住了陆小曼的软肋，那他提出非分之想，是不是很容易得到满足？否则，翁瑞午完全可以借此威胁陆小曼，断了她的经济援助。

有人把陆小曼的一生比喻为爬山。她与王赓结婚这段时间，处于人生中的爬山阶段，呈上升趋势。离婚后和徐志摩结婚，爬到了人生的顶峰。最热烈的情感，最坚贞的誓言，最美好的畅想，都在山顶上得到了体验。志摩死后，和翁瑞午在一起，就处于人生的下坡阶段，这个时候，饥乏劳累，汗流浃背，夕阳西下，马上要进入黑夜了。俗话说，上山容易下山难，难在哪里？它是马拉松赛持续的奔跑，是对末日终结的回答。这是个无论从体力上还是精神上都处于强弩之末的弱势阶段，能够坚守并走完一生，实属不易。

翁瑞午本来有妻室，还有五个儿女，加上祖上留给他的财产，福禄富贵、安享一生是没有问题的。他的妻子又特别贤惠，拉扯五个孩子成人，又不太干涉瑞午的私生活。当然，这也给了瑞午可乘之机。那么翁瑞午为什么对陆小曼如此倾心呢?

顺着这个情感线索及其发展，发现翁瑞午初识小曼时，是小曼的名媛头衔和美貌吸引了他。翁瑞午能够有幸结识中国屈指可数的名媛，从虚荣的角度讲，是一种荣幸和骄傲。和这样的气质美女在一起，吃饭、走路、睡觉，想起来什么都是香的。在上海滩，为了展示一个男人的成就并要把这种成就感抒发出来，有了陆小曼这张牌，翁瑞午走到哪里，恐怕都有傲人的谈资。

通过交往，他发现陆小曼不但人美，有气质，有名气，而且性格上也谈得来，陆小曼的爱好和他的爱好一拍即合，这时由彼此欣赏进入彼此认同、彼此爱慕的阶段。翁瑞午的妻子是绝没有陆小曼这般温柔体贴，一笑生百媚的感觉的，潜藏在翁瑞午梦中的期望就这样实现了。但碍于志摩，他们不敢做出违背道德伦理的事情，尽管推拿按摩有肌肤之亲，吸烟有吞云吐雾之谊，凭着陆小曼对志摩的爱，彼此只能心照不宣而心有灵犀罢了。

翁瑞午这个阶段的付出，是对红颜知己的付出。他的心甘情愿和马首是瞻，是来自内心强烈的渴慕和欣赏。他只需要找到这种感觉即可，而不必上升为对性的急切体验。

有着西方自由思想的志摩给了他们这样绝好的机会。因为志摩也会和社会上的女性成为朋友或发展成为红颜知己，他总不能以己之乐为是，而以曼之乐为非吧，这不能自圆其说。更要命的是小曼的病，仿佛离开了翁瑞午就不能活，与其让小曼因病痛折磨而死，不如让她享受快乐而死。这是对所爱的人，要付出的隐忍的代价。

在志摩死后这段时间里，翁瑞午由对小曼的倾慕和对虚荣的满足转变为悲悯和同情。

对一般人而言，一无所有的陆小曼对翁瑞午简直就是一个包袱。拖上这样一个包袱而没有怨言，这是他人性中善良的体现。

在陆小曼怀念志摩的日子里，思想和精神都处于混乱和极端痛苦中，如果在这时小曼还分心来和瑞午谈情说爱，那小曼还算是一个人吗？尽管她有这样的权利。翁瑞午没有逼迫她做什么，或者什么事是该做的，什么事是不该做的。他继续迁就她、容忍她、呵护她，提供她在志摩在世时能够得到的一切，且有过之而无不及。他站在强者的立场，对一个弱势的女性尽自己最大的努力进行保护。

其他朋友又给了小曼多少帮助呢？胡适在陆小曼最困难的时候没有伸出援助之手，到了20世纪40年代，他才给陆小曼去了一封信，劝小曼戒除鸦片，离开翁瑞午，到南京来，一切生活由他来安排。

陆小曼没有给胡适回信。小曼对人说：“瑞午虽贫困已极，但始终照顾得无微不至，廿多年了，吾何能把他逐走呢？”小曼也是重情重义之人，翁瑞午没有看错。

这种感情基础，使他们在1938年同居了。

25. 患难与共是真情

一天，小曼接到徐申如托人带来的三百元生活费，并附了一张纸条说，如果翁君已经和你同居，下月生活费即行停止。后来得知是徐父用钱买通了一个看门的，暗中监视翁瑞午的一举一动，翁瑞午什么时候来，什么时候走，都一一向徐父做了通报。翁瑞午得知此情，非常震怒，他索性一不做二不休，干脆把床从二楼搬到三楼去睡。原来翁瑞午一直睡在二楼，虽然常来，但并未与三楼的小曼同居。这倒好，闲言碎语来了，猜忌来了，顺水推舟吧！

1938年正是抗战爆发后不久，翁瑞午在造船厂任处长，常常深夜回家，陆小曼处也不是常来。他遭到这样的非议也不奇怪，寡妇门前是非多，一对孤男寡女，独宿一屋，没有那些事，谁会相信？

陆小曼后来在她的个人档案中记载着这样一句话："我廿九岁时志摩飞机遇害，我就一直生病。到1938年卅五岁时与翁瑞午同居。"如果此言不虚，那么，翁瑞午和陆小曼的同居应该是从徐申如的监视被发现后才开始的。

同居后，小曼与向翁瑞午约法三章，不许翁瑞午抛弃结发妻子，不与翁瑞午正式结婚。这显得有些不伦不类，陆小曼好像成了翁瑞午在外包养的小三，小曼就是一个插足别人家庭的第三者。陆小曼再一次受到社会舆论的谴责，翁瑞午也背负了极大的精神压力。

就连进步作家赵家璧和著名女作家赵清阁等，也来找陆小曼交谈，劝她离开翁瑞午，走独立自主的道路，并说，离开翁瑞午，可以澄清外面的流言蜚语。

道德谁都会讲，但涉及生活本身，一个弱女子，守寡七八年了，谁能体会其中的煎熬有多痛苦。小曼自有她的苦衷和理由，寡妇就不能交朋友了吗？志摩还在的时候，翁瑞午就住在二楼，现在要他搬出去，怎么可以这样不仁不义呢？何况，翁瑞午一直这样无微不至地照顾、体贴，关别人什么事呢？

管他什么流言蜚语，这是小曼一贯的作风，我行我素。这么多年受到的指责和谩骂还少吗？又何必在乎这一次。这些规劝的人，也包括上面谈到的胡适。

翁瑞午的确做得很优秀，他不但要顾原配及其子女这个大家，更要照顾他和陆小曼这两个人的小家。他生活在忙碌而充实的转战中并乐此不疲。

瑞午闲暇时间，邀请几个朋友一起，陪小曼去游览西湖，陪她散心。推拿按摩这是工作常态，自不必说。

据说小曼因常年吸食鸦片，导致肠胃不好，经常便秘。翁瑞午为她买来蜂蜜，灌入大肠，增加润滑。又据说，小曼喜欢吃人奶，翁瑞午竟然给她请来一奶妈。

“据说”指不确定性，是无法考证的。但有一条，翁瑞午对陆小曼的迁就和殷勤伺候，应该是真实的。

而上了年纪的陆小曼，因为吸食鸦片，容颜已经并不那么好看了。据女作家苏雪林回忆：“小曼长年卧病，连见我们也是在病榻上。我记得她的脸色白中泛青，头发也是蓬乱的，一口牙齿脱落精光，也不另镶一副，牙龈也是黑黑的，可见毒瘾之深。”就这一相貌，哪里还有名媛的半点影子，十足的一个烟鬼。

如果说翁瑞午在年轻时贪慕小曼的美貌，那么小曼现在是这样一副尊容，翁瑞午为什么不离开她，他又是欣赏陆小曼的什么？这是爱吗？

有一篇上海电视台采访翁瑞午的长女翁香光女士的文章，翁香光女士对她父亲和陆小曼的结合提出了两个非常尖锐的问题：

“为什么翁瑞午自己有和美的家庭，却要与陆小曼要好？”

“为什么陆小曼要跟有妻子、有子女的人好呢？”

采访结尾似乎也没有给出这些问题的答案，但从翁香光女士的回忆里，得知她父亲从二十二岁起就承担起了家庭的重担，对上孝敬父母，对下抚养五个儿女。他人缘极好，交际甚广。小时候，翁香光经常陪伴父亲一起到徐宅出诊。志摩非常喜欢小孩子，他时常将香光抱在自己的腿上，逗她乐或者给她讲故事。

这条信息不难理解，翁瑞午首先是以医生治病的形象出现的，而且有志摩在场。其治病的手段当然是推拿按摩了，这是陆小曼的病情唯一能接受的方式。小香光同时观察到，发病时的小曼脾气很暴躁，说话也不那么文静。但经过翁瑞午的一番医治后，她的情绪马上得到了控制，对人说话立刻变得柔软细腻，开始和颜悦色起来了。

结识陆小曼，这不是翁瑞午的错。他只是一个医生，他不能见死不救，也不能因为可能发生的暧昧而拒病人于门外，他只是尽到医德而已。

至于后来陆小曼吸食鸦片，有人说是小曼的母亲看到小曼疼痛难忍，叫她吸的；也有人说是翁瑞午为了勾引小曼而故意下套，让她上瘾后，对自己产生依赖。

前者无法考证，后者似乎也站不住脚。这个涉及翁瑞午的人品和医德问题了。翁瑞午既然是勾引小曼，在志摩在世时无法下手，志摩死后，他为什么七年之内都没有下手，而是独自在二楼住宿。及至后来，陆小曼年长色衰，一贫如洗了，他居然变卖了家里所有收藏的古玩字画，来供陆小曼用度。这显然是一种傻帽的做法。勾引，有居心不良，淫邪奸诈之意，他犯得着倾家荡产去供养一个烟鬼，而且是自己给自己出的馊主意？

即使是翁瑞午劝小曼吸食少量鸦片，以缓解疼痛，在当时的医疗条件下，从医生的角度看也是可以理解的。但如何控制量，那就是病人自己的事情了，这也不能完全说成一番恶意或别有用心。人们不会相信，一个承担家庭重担，孝敬父母，抚养五个孩子的医生会有如此毒蝎的心肠。

在陆小曼毒瘾发作期间，和许多瘾君子一样，会出现幻觉，失去理智。本身就是难伺候的一个人，再加上这么个情况，谁受得了？

翁瑞午就受得了。小曼每一次病倒，都是他在病榻前端茶送水，都是他抓药煎药，都是他打扫料理家务，还一贯地保持和颜悦色、我愿而无悔的姿态。他可以为了给陆小曼买一包烟、买一点肉、买一点陆小曼想吃的零食，跑遍全城，甚至不惜在烈日炎炎的盛夏或寒风刺骨的严冬，去排队、去守候，直到拿回家中为止。

在外面不管得到朋友什么馈赠或者看到什么好吃的、好玩的，他都会首先想到小曼。有资料说，翁瑞午在香港有一个亲戚，在物资极其匮乏的年代，经常给他邮寄一些食品过来，瑞午收到后，只拿小部分回原配陈明榴的家，而把大部分都给了小曼。

好一个翁瑞午。你自己一个人和陆小曼在一起混也就算了，还别出心裁地把家人也拉了进来。他想到陆小曼膝下无子，怕她老来寂寞，就把自己的四女儿翁重光过继给小曼做干女儿。

这种感情的渗透，如血液，一点一滴地积累起来了。小曼看在眼里，爱在心里，她有时候也回赠一些小礼物给翁瑞午的家人，对他的原配太太并没有什么成见。长女翁香光结婚时，小曼还送她别致精巧的睡衣和进口的陶瓷。

徐志摩的堂侄徐炎曾经撰文对翁瑞午有过这样的评价："翁瑞午是个玩家，为人极为健谈，笑话连篇，对正经事也亦庄亦谐，信口开河，有真有假，小曼把他当作茶前饭后笑料解嘲，舒展心中抑郁的闷气。"

一个懂得幽默的人，生活就有诗意，尽管他不会写诗。他玩不是花天酒地地玩，也不是移情别恋地玩，他把毕生的心力都倾注在小曼的身上了。

翁瑞午的正话反说、反话正说、半开玩笑半当真，陆小曼没有计较，她反而把这种笑话当成另一种笑话在人前人后去讲、去复述。有了这样一个开心果，小曼有再多的病、再多的忧愁，也会烟消云散。

活跃气氛，精神鼓励，比吃药还要有效。翁瑞午常对朋友开玩笑说："你们晓得吗？小曼可以称为海陆空大元帅。因为王赓是陆军，阿拉是海军少将，徐志摩是飞机上跌下来的，搭着一个'空'字。"

拿一个人的不幸来开涮，这话还是很噎人的。小曼已经习惯了他的语言表达方式，心里虽然感到很别扭，而说者并无恶意，也就释然了。

1951年，翁瑞午的发妻陈明榴去世。小曼本可以跟翁瑞午举行正式婚礼，结束这说不清道不明的同居关系。鉴于小曼之前的约法三章，他们也就放弃了这样的想法。

在小曼的心里，她把志摩永远放在第一位，曾经的誓言，仍在耳边回响。梁启超的证婚词里，叫他们不要再有第三次婚姻的规劝，犹如一道紧箍咒，在舆论与世俗的绑架下，她怎敢又一次做出有违常理的选择！放在今天来看，三次结婚也并不是一件丢人的事情。

中华人民共和国成立后，翁瑞午挣钱的门路受到一些约束，靠工资吃饭，要养活一大帮人非常困难。祖传的几件宝贝先后也变卖得差不多了，陆小曼和翁瑞午在经济上陷入了前所未有的窘境。加之年岁的增加，疾病也越来越多，对小曼的一些生活要求，翁瑞午显得心有余而力不足了。

"翁瑞午在1955年犯了错误，生严重的肺病，一直到现在还是要吐血，医药费是很多的，还多了一个小孩子的开支。我又时常多病，所以我们的经济一直困难。翁瑞午虽有女儿给他一点钱，也不是经常的。”陆小曼在后来的自述中这样写道。这个曾经生龙活虎、风流倜傥的帅哥，如今也变成了一个老男人，且重病在身。他那曾经多情的光辉，已经照耀了陆小曼三十多年。是该停下来，在夕阳西下时分，去寻找天国的梵音了。

1961年，翁瑞午因肺癌走到了人生的尽头。临死前，他托人约请赵家璧和赵清阁两位作家见面，嘱托后事：“今后拜托两位多多关照小曼，我在九泉之下也会感激不尽的。”

这是一句椎心泣血的遗嘱。小曼生而有幸，在人生的下坡路，有这样一位肝胆相照的亲人。如果说小曼和徐志摩的结合，是激情，是浪漫，是对理想和未知的憧憬与追求的话，那么，小曼和翁瑞午在一起的生活，就是实实在在的柴米油盐，是在地上行走的荆棘和艰难，是相互搀扶和依赖的情感考场。

陆小曼曾经说过：“我对翁其实并无爱情，只有感情。”这话有些言不由衷。如果人世间都是这样的感情，不要爱情又何妨？这种感情，就是一种爱，小曼不敢承认罢了。

与徐志摩的追悼会不同，翁瑞午的追悼会，陆小曼居然能够很顺利地去参加了。一个无名无分的女人，一个被认为是“小三”的女人，一个遭受诸多白眼和唾沫的女人，就这样带着惶恐与悲痛，走到了翁瑞午的遗像前。翁家的子女和亲人都原谅了她。

翁家人的宽容和徐申如形成了强烈的对比。合法妻子不能凭吊亡夫，并不是社会的普遍共识，徐申如所代表的旧道德，不过是社会变革中遗老们残喘的挣扎罢了。

眼前这个亡人，是兄长、是亲人、是姘头或是丈夫并不重要，重要的是他们经历了从1928年到1961年三十三年的风雨历程。这个被诟病为浪荡公子的翁君，在闭眼的一刹那，呼喊的还是陆小曼的名字。

“我欲乘风归去，又恐琼楼玉宇，高处不胜寒。”这是此刻小曼的悲凉心情。“不应有恨，何事长向别时圆？人有悲欢离合，月有阴晴圆缺，此事古难全。”是小曼无可奈何而又不得不接受的现实。

这个曾经与自己相濡以沫的人，这个言听计从，招之即来挥之即去的人，这个将自身当成自己的仆人一样的人，这个为了自己不惜倾家荡产的人，这个在最后一刻叫自己好好在今后活下去的人，躺下来了，躺在这一具小小的棺材里，那样安详，那样宁静。

在另一个世界里，我们如能再次相聚，会“纵使相逢应不识”吗？当我们尝尽了人间酸甜苦辣，满面尘垢，两鬓如霜时，是该分别的时候了。当我也走不动的时候，我到哪里去寻找你的孤坟？如果明月有情，请为我一直照耀你吧，恐怕之后的年年岁岁，我都要在断肠的苦痛中煎熬。

现代书画家、美术史论家、文学家、实业家陆定山，曾对徐志摩和翁瑞午给出过这样的评价："现代青年，很多人以为徐志摩是情圣，但是我以为做徐志摩易，做翁瑞午难！"对一个人坚守三十三年而不弃，难，实在是难。

陆小曼对这段姻缘也不后悔，她说："我的所作所为，志摩都看到了，志摩会了解我，不会怪罪我。"又说："情爱真不真，不在脸上、嘴上，而在心中。冥冥间，睡梦里，仿佛我看见、听见了志摩的认可。"这既是说给志摩的，也是说给翁瑞午的。

1959年，小曼在填写她的个人档案时，在家庭成员一栏里庄重地写上了翁瑞午的名字。

26. 千山万水笔下走过

在陆小曼众多的才艺中，要数她的绘画艺术最突出，这得益于儿童时期母亲吴曼华的言传身教。在进入圣心学堂读书后，她又潜心学习西方油画，尤擅静物写生和风景临摹。为此，她还有一幅习作画，被一位法国朋友以两百法郎买走。

成家之后，虽有即兴之作，但终因懒惰而辍笔。

20世纪20年代初期，应徐志摩的请求，她在胡适的引荐下拜刘海粟为师，学习油画、国画，虽有长进，但还是没有坚持下去。1931年春，在徐志摩的鼓励和安排下，又拜贺天健、陈半丁为师。

贺天健（1891—1977），原名贺骏，又名贺炳南，字健叟，别署健父、阿难。江苏无锡人。他是我国现代著名画家、书法家，擅长山水，并自成一家。其风格豪放俊朗，跌宕清秀，水墨画更是层次分明，色调复沓。出版有《贺天健画集》《贺天健山水册》等，著有《学山水画过程自述》。

1931年，四十岁的贺天健正值绘画创作的黄金时期，画风日臻成熟。徐志摩欣赏他，原本是诗画一家的缘故。

因为陆小曼的怠惰和缺乏毅力，鉴于刘海粟的前车之鉴，贺天健与陆小曼约法三章：一、老师上门，杂事丢开；二、专心学画，学要有所成；三、每月五十大洋，中途不得辍学。其实这算不上很苛刻的条件，约束力恐怕主要还在“每月五十大洋”上面，如果你不想再学，大洋也不会减少。如果你诚心要拿每月五十个大洋来打水漂儿，那也没有办法。

陈半丁（1876—1970），原名陈年，浙江绍兴人，著有《陈半丁画册》。他是京津画派的典型代表人物，早年驰名北方画坛，其花卉鸟兽画造诣特别高深。画风古朴沉郁，情趣盎然。线条勾画了了，于稳健险奇中，浑然天成。

有此两位导师的精心指导和教诲，陆小曼的绘画生涯才算正式起步。

1931年陆小曼创作的那幅山水长卷，也就是志摩飞机失事而幸免于难的那幅画，是她早期的代表作。

她的老师贺天健为这幅画题跋是：“东坡论画鄙形似，懒瓒云山写意多；摘得骊龙颔下物，何须粉本拓山阿。辛未（1931年）中秋后八日，天健。”

老师赞她这幅画，无须粉饰，趣意天成，“写意多”是指从心底流露出来的情感，是想象力和创造力的结晶。从心所欲不逾矩，“东坡论画”不讲求形似，但并非可以放弃形似而信笔涂鸦。过分写实，不是绘画的最高境界。这话是针对胡适的题跋说的。

来看胡适的题跋：“画山要看山，画马要看马，闭门造云岚，终算不得画。小曼聪明人，莫走这条路。拼得死工夫，自成其意趣。小曼学画不久，就作这山水大幅，功力可不小！我是不懂画的，但我对于这一道却有一点很固执的意见，写成韵语，博小曼一笑。适之，二十（一九三一）、七、八，北京。”胡适认为小曼的画太缥缈，不像写实画，没有生活阅历，刀砍斧凿的痕迹过重，不协调不自然，说她是“闭门造车”之作。

也许胡适的评价是对的，这是对于功力深厚而言。但也并不是说，没有看到过山，没有爬过山就画不出山，没有看过马就画不出马来。没有吃过猪肉，难道就没见过猪跑？

所以，杨杏佛很不赞成胡适这种说法，他认为，画家应该在虚实相间中创作而不必像照相机一样用镜头原本地摄入物象。他的题跋给胡适“反戈一击”：“手底忽现桃花源，脑中自有云梦泽；造化游戏成溪山，莫将耳目为梏桎。小曼作画，适之讥其闭门造车，不知天下事物，皆出意匠，过信经验，必为造化小儿所笑也。质之适之，小曼、志摩以为何如？二十年（1931年）七月廿五日。杨铨（字杏佛）。”

梁鼎铭、陈蝶野等名家也纷纷题跋，给予小曼支持和鼓励。小曼借志摩的名，沾了名人的光，这成为她日后坚持绘画创作的源泉和动力。

这幅山水长卷画，不但有名人效应的光环笼罩，又有曲折哀怨的爱情故事，其史料价值和纪念价值已经远远大于艺术价值。

1934年，陆小曼加入中国女子书画协会。1941年，在上海大新公司举办个人画展，参展作品100多幅，得到了业内人士的高度赞赏和社会各界的一致好评。

1943年，四十岁的陆小曼不但心智成熟，绘画技艺也不断精进。这一年，她创作了一幅《晚渚轻烟图》立轴画，长九十六厘米，宽三十一点五厘米。2014年6月28日，在由上海工美拍卖有限公司举行的春季艺术拍卖会上，被估价七十万至八十万之间。

在这之前，著名作家、收藏家董桥在他的《故事》（散文集，作家出版社，2007年2月版）中，也收录了这幅作品。董桥说，此画“尺幅不大而烟雨浩渺，深浅点染之间烘托出梦落潇湘的文人沧桑”。

陆小曼给这幅画的题跋是：“晚烟展轻绡，遮我楼前树，顷刻过前溪，蓬蓬出蒸絮，稀星漏天色，渔火移远渚，久坐不见人，独闻溪籁语。”

这首小曼自赋的五言诗，道尽了这幅画的全部意境。诗中有画，画中有诗，诗画相生，浑然天成。

傍晚时分，雄奇俊秀的山涧，一缕缕轻烟如绸缎飘柔，站在古朴典雅的楼前，一眼望去，如仙乐飘飘，似有钟鼓齐鸣，以至于遮住了楼前的苍松翠柏。一阵风吹来，雾丝随着屋前的细流一起飘散，在这一瞬间，露出蓬勃的乔松在风中摇曳，松针像一团飘絮蒸腾。天色渐渐暗下来，星星从浩渺的天空显露出来，就像点点渔火向天涯漫移。乱石嶙峋的山冈上，小树林中，有一个人坐在那里怅惘，想什么？是远游的故人，还是劳燕分飞的伉俪？万籁俱寂的空山，只有松涛阵阵，溪流潺湲。那孤独和落寞，怎样在即将到来的漫漫长夜里排遣？中秋之夜啊，是万家团圆的日子，独居深山的人，你能告诉我，思念是一种痛吗？

这不是小曼的自我写照吗？志摩离开人世已经十二年了，志摩，你在天国还好吗？

有名家点评这幅《晚渚轻烟图》，陆小曼在承传贺天健画风的基础上，开拓创新，有“元人风貌，直绍王蒙之格，其标格细密，质清体婉，了无尘染，却是丈夫不能为也”。

收藏家们如此钟爱陆小曼的画作，是因为画里有缠绵悱恻的故事。

捧之，小曼身影宛在眼前，体香流动而余味绵长，仿佛使人穿越到民国，一览凄厉哀怨的江南风景，青石板路上的淅沥细雨，那个曾经轰动大江南北的名媛，是怎样沉思凝眸，画笔之下，一江春水向东流去。

陆小曼的画，以山水居多，或崇山峻岭，或小桥流水，或迷蒙倥偬，或淡雅清丽。仁者爱山，智者喜水，这也恰合了小曼的本性，她宽厚温柔，淡泊高雅。她以一个弱女子的视角缔造心中的蜿蜒迤逦，她以敏感细腻的笔触刻画本真的灵感和智慧。这是身在樊笼中的人，对大自然和人类精神自由的向往和追求。

可以说，陆小曼通过绘画，与旧世界划清了界限；通过绘画，抹掉了她烟客的形象，获得了独立的人格魅力。

陆小曼除了山水、花鸟画以外，扇面画也很多。其中有一幅扇面画叫《秋林散马》，是为友人李仙根作的，这李仙根原是孙中山的秘书，当时中山县的县长。不过这幅画是模仿之作，她模仿唐代画家裴宽的《秋林散马》，观其大意，然后经过自己重新构思而成。

也许陆小曼很少见到马，仅凭画上的马而画马。美人画骏马，真是有些冒险。但她的聪慧就在于此，过目不忘，记忆深刻。所以董桥夸赞陆小曼："用色淡淡的，用笔细细的，那是陆小曼天生的本事，再配上小型楷字，字带骨带肉，题字又古又秀。"

现在才明白，为什么徐志摩一心期望小曼在绘画上有所成就，虽然志摩不会作画，但他是诗人，诗人懂艺术，诗与画是相通的。

陆小曼的画在20世纪三四十年代这二十年间，总体上有一百多件，除前文谈到的作品以外，其中还有一些作品也很有代表性，如陆小曼1932年画的《仿古山水》四幅（立轴），1933年画的《爱莲居士》，1940年画的《江南春色图》，1941年画的《松阁观浪镜心》，1942年画的《溪山高隐图》，1943年画的《花到春深》《青绿山水》《翠峰冥色图》，1947年画的《金鱼》等。

绘画是一门技艺，文学创作也是一种艺术。陆小曼的文学创作较之于绘画艺术成就则略逊一筹。

在她的《陆小曼自述自画》中，几乎都是日记、往来书信，也有几篇散文，抒发的是情爱、闺怨之情。其中的《哭摩》一文写得凄厉哀怨，悔恨交加，这种真情的流露，既有“孔雀东南飞，五里一徘徊”的对于未来生活的憧憬和向往，又有对于昔日之情的眷恋与追思。在“山无棱，江水为竭，冬雷震震，夏雨雪，天地合，乃敢与君绝”的誓言中，表达了立志重新做人，以期天堂相见的决心。这饱含深情的文字，情真意切的呼喊，读之使人潸然泪下。

陆小曼真正的文学作品，则是1947年写的约两万字的短篇小说《皇家饭店》。故事情节很简单，主人公婉贞是上海伪政府一个小职员张立生的妻子，他们有一个三岁的儿子叫二宝，还有一个长女和一位母亲，一家五口人，只靠张立生一个人的工资吃饭，生活非常拮据，以至于在外借了很多债。恰在此时儿子二宝又害了寒热症，才好不久又得了肺炎。为给儿子治病，婉贞被迫外出打工，应聘到皇家饭店。

婉贞在饭店里，耳闻目睹了上流社会的生活，阔太太、富小姐、衣冠楚楚的绅士和大富豪，他们光鲜华丽的外衣却难掩肮脏龌龊的丑态和扭曲变态的心理。这种奢靡堕落的生活和自己眼前的生活窘态形成强烈的对比，心地纯洁善良的婉贞，不习惯也看不惯这里的工作环境，于是她毅然炒了老板的鱿鱼，昂首挺胸地走出了皇家饭店。而此刻，她居然忘记了需要向经理借钱才能够给儿子二宝买药、打针。

婉贞一不小心进了染缸，却不愿意被污染，她的节操是高贵的。小曼仿佛是写的她自己。那时的她生活拮据，病魔缠身，鸦片瘾又戒不掉，生活在极端的矛盾困苦之中。

这篇小说的完成得益于著名女作家、编辑家、画家赵清阁。赵清阁，河南信阳人。她与老舍、郭沫若、齐白石、刘海粟等都有过很深的交情。

1945年11月，抗战胜利后，赵清阁回到上海，并担任《神州卫报》副刊主编。一天，她突然想起了陆小曼这个名字，决定去拜访她。

在以后的交往中，小曼和赵清阁结下了深厚的友谊，情同姐妹。后来小曼还亲手为赵清阁一针一线地织了一件背心，赵清阁穿了五十年，补丁摞补丁，也仍然敝帚自珍。

友谊源于理解和帮助。赵清阁劝小曼戒掉鸦片，开启新的生活。1947年，赵清阁要编辑一本十二位女作家的小说集《无题集》，其中就有冰心、谢冰莹、苏雪林、冯沅君、王莹、赵清阁等十一位女作家，还差一位是谁？陆小曼。

当赵清阁找到陆小曼说明来意并要求她写一篇小说一并编入《无题集》时，小曼接受了这个任务。在创作过程中，正值夏天，酷热异常，又因哮喘不止，烟瘾发作的干扰，一度使写作几欲停止。在有限的时间内无法完成，也意味着小说集的编撰需要停顿。赵清阁必须催稿，小曼在给赵清阁的信中道出了苦水："今夏酷热，甚于往年，常人都汗出如浆，我反关窗闭户，僵卧床中，气喘身热，汗如雨下，日夜无停时，真是苦不堪言。"

这分明是一种煎熬和抗争。如为生活拮据，区区稿费也值不了几个钱。其实是赵清阁有意给小曼施压，让她从创作中找到新的灵感和精神力量，从而走出旧习气的桎梏。

唯有好朋友才会这么做。小曼心领神会，她也想通过这样的磨砺使自己脱胎换骨。在信的后面，她要求宽限时日，一定将稿件奉上，也表达了自己的愧疚之心："我不敢道歉，我愿受责。"

《皇家饭店》是小曼小说创作的处女作，既是第一篇，也是最后一篇。这篇小说应该说是很稚嫩的，虽然描写细腻，人物形象逼真，且富于戏剧性，但总体上来说，在语言表达和人物挖掘上还是流于肤浅，以至于缺少深刻内涵的表达。它能和冰心、谢冰莹的作品并列其中，无疑是很荣幸的一件事情。

但这篇小说的意义在于，陆小曼已经决心转型了，她有能力、有毅力、有决心走出一条新的路子来。

《无题集》1987年再版，赵清阁将书中陆小曼这篇原名叫《女儿劫》的小说改成了《皇家饭店》。

27. 岁月总是败美人

如果以1949年中华人民共和国的成立为时间节点，来给陆小曼画一道生命的弧线，那么，1949年之前旧的陆小曼已死，1949年之后新的陆小曼才刚刚诞生。

首先，必须戒掉鸦片。这不是朋友劝不劝的问题，也不是经济拮据的问题，而是政府的法令。留（烟）枪不留人，留人不留（烟）枪，谁敢违抗？

20世纪50年代，陆小曼和翁瑞午突然就没有了经济来源，只能靠典当祖传古玩、文房四宝等值钱的东西来维持生计，这是事实。因为在新政府的眼里，他们都是民国的遗老遗少、旧时代的封建人物，必须加以思想改造。翁瑞午也不可能再像民国时期那样，东游西荡，做生意，捞外快。除了正式的工资以外，连发点横财的机会也没有了。

陆小曼在1956年进入上海文史馆以前，一直都不事生产。除了30年代和40年代有部分画作收入以外，都是靠翁瑞午来维持日常开销。加之小曼和翁瑞午又都步入老年阶段，体弱多病，生活难以为继也就不奇怪了。按当时的购买力和消费水平，他们仍然要比贫穷的劳苦大众好很多倍。

吴锦是陆小曼舅舅吴安甫的女儿，与小曼是表姊妹，小曼叫她“阿锦”。阿锦自从丈夫过世后，就一直陪伴在陆小曼身边，照顾小曼的饮食起居，有同是天涯沦落人的味道。小曼爱抽中华牌香烟，但一支烟每次都只抽一半，然后掐灭，放在烟缸旁。这最后的半支烟就是阿锦的了。

戒鸦片烟需要一个过程，如果烟瘾突然来了怎么办？小曼就用可待因（Codeine）代替。这种药物也是管制品，要到主管部门开证明手续才能在医院购买。不过这种药有镇咳作用，也具有镇痛的功效，小曼本来就有哮喘病，经领导批示，去医院买点回来是没有问题的。这种日子过起来当然十分艰难。

和陆小曼一起生活的还有一位小女孩叫“毛毛头”，她是翁瑞午在外的私生女。除了吴锦外，家里还请了一个女佣。吴锦有一对双胞胎儿子在扬州读书，也时常来陆家探亲。翁瑞午的子女也时不时地前来探望，再加上一些绘画界朋友也经常来小曼处交流，虽然小曼的住处并不宽敞，但大家挤在一起，也算热闹祥和。

1956年4月，已经五十四岁的陆小曼在陈毅市长的关怀下，做了上海市文史馆的一名馆员，从此有了一份正式的工作。

这事缘于上海美协举办的一次画展，陈毅市长在参观展览中，无意间看到了陆小曼的名字和她的画作，问了身边人陆小曼的近况后说："徐志摩是我的老师，他是有名的诗人，陆小曼也是个才女，这样的文化老人应该予以照顾。"

随后，他又对身边的人说："我曾有幸听过徐志摩先生讲课，我是他的学生，陆小曼应是我的师母了。"

进入文史馆的小曼，主要从事专业绘画和翻译工作。同年她加入农工民主党，成为徐汇区文艺支部委员。1958年，进入上海中国画院当画师，并加入上海美协。1959年，她又任上海市人民政府参事室参事，还领到一张华东医院免费就诊卡。

如此神速的提拔，真是来得太突然了。小曼的工资已经在每月一百元左右了，享受行政十六级的干部待遇，而且每月还给她补助两条凤凰牌香烟，当时的凤凰牌香烟是六点九元一条。

陆小曼感谢共产党，她曾说过，共产党好，要是在旧社会，她早就不在人世了。这的确是她发自肺腑的声音。

不过，陆小曼加入农工民主党，当画师，做参事，还有一个人起了相当大的作用，他就是张奚若。

张奚若（1889—1973），字熙若，自号耘，陕西大荔县朝邑镇人，著名的爱国民主人士、社会活动家、政治学家。

早年投身革命，参加过同盟会。中华人共和国成立后任政务院政法委员会副主任、教育部部长、对外文化联络委员会主任、中国人民外交学会会长等职。

张奚若是徐志摩的好朋友，他们在美国哥伦比亚大学研习政治学期间相识。张的性格固执、倔强、死板，但为人非常耿直、厚道。在国民政府里张是敢于抨击时政的人物，就连蒋介石也十分忌惮他，而徐志摩热情、外向，油嘴滑舌。他们成为挚友，也缘于1925年徐志摩主编《晨报副刊》期间，邀请一批先进知识分子撰稿，张奚若就是其中之一。张在一千字左右的文章中，猛烈抨击当时落后的堕落思想，并说《晨报副刊》不是如何拯救的问题，而是要一把火把它们全部烧掉。

作为主编的徐志摩不但不生气，反而给这篇文章加了长长的“附注”，徐志摩说“奚若这位先生，是个‘硬’人”，他的意志、他的说话和他写的文章，都直挺挺的，有一种天然不可侵犯的威严。与此同时，在“这直挺挺中也有一种异样的妩媚，像张飞与牛皋”。徐志摩几句话就征服了这位陕西硬汉。

徐志摩飞机遇难，张奚若在悼念文章中说：“我所要说的只是关于‘人’的方面的徐志摩，换句话说，就是志摩的人格，志摩的风度。”“志摩的个性这样特殊，人格这样伟大，理想这样高尚，所以他的死不但是中国新文艺界的大不幸，也是中国整个理智阶级的不幸，也是中国全体人民的大不幸。”

真是前人栽树，后人乘凉。陆小曼得到了徐志摩种树的余荫。张奚若每次到上海，都要通知陆小曼，并派自己的秘书开车来接小曼到约定的地点一叙。

这期间，张奚若有好几次邀请陆小曼出来做点事情，而小曼却说，身体有病，懒散惯了，怕有负期待。

有朋友的帮助，再加上自己的刻苦努力，陆小曼很快就进入了工作状态。1959年，小曼被评为全国美协“三八”红旗手。在这之前的1949年和1955年，她的作品又连续两次入选全国美术展。

1964年秋，小曼的身体每况愈下，但她还是尽了最大的努力，潜心创作了四幅条屏山水画，送往成都杜甫草堂，为杜甫生平展览添彩。在送出之前，她特意邀请赵清阁前来观赏，问她的作品和之前相比怎样，赵说大大地进步了。深得杜甫诗意之神韵，真是杜甫的知音啊！陆小曼非常激动，握着赵清阁的手说：“你才是我的知音。”

在陆小曼最落寞的时候，有挚友相助，有贵人扶持，这里不但有志摩曾经的颜面，更因为她本人待人也极为真诚、宽容，善解人意。

但这并不意味着，身边所有人都能与她一直和睦相处，著名篆刻大师陈巨来便是其中之一。

陈巨来是20世纪杰出的篆刻家、书画家、诗人，曾任上海中国画院画师，西泠印社社员、上海书法篆刻研究会会员。他比陆小曼小一岁，又和陆小曼在同一个单位——上海中国画院做画师，之前与陆小曼的交往也有三十年左右的时间。

有一件事曾使陆、陈的关系恶化。1957年的运动中，陆小曼曾经揭发陈巨来。

这么多年的好友居然也来检举揭发，让陈巨来非常震怒，于是他也来了一个反揭发。

陈巨来揭发陆小曼和她的情人翁瑞午之间有不正当关系，以及翁瑞午与跟陆小曼学英语的学生之间的暧昧。又揭发陆小曼戒烟不彻底，用可待因（Codeine）代替鸦片并一直食用。

那个跟着陆小曼学英语的女学生，本来就对陈巨来印象不好，当听到这样的毁谤时，一气之下将陈巨来之前的反动言论整理出来提交给上级部门……

于是，陈巨来被遣送到淮南接受劳动改造。

几年之后，陈巨来被释放，与小曼竟成了陌路人、冤家死对头。经好心人劝解和开导，才冰释前嫌，重归于好。

28. 且淡然，且从容

原国民党陆军中将、军统局总务处少将处长沈醉，在他的回忆录《文史资料选辑》之《我所知道的戴笠》一文中也写到陆小曼，“在一·二八事变期间，便有一个旅长王赓和死去了的名诗人徐志摩的爱人陆小曼闹恋爱，陆当时为上海的红舞女，王追求陆挥金如土，最后因无钱可花，而带着地图去投日本人”。

噱头。一介武夫的沈醉写点回忆录，也需要拿陆小曼来做噱头。陆小曼就纳闷了，自己怎么就做了“红舞女”了？于是在全国政协的《文史资料》上撰文予以回击，至此，沈醉的声音消失了。

其实沈醉和陆小曼八竿子打不着，他只不过借陆小曼来说王赓罢了。王赓落入日本人之手，是因为在淞沪抗战中，炮兵部队是王赓在指挥，但每次向日本阵地打炮都因误差而不能命中目标，心急如焚的他带上军事地图，匆匆赶往美国驻上海领事馆的同学处，向他请教技术问题。途经外白渡桥时，车子突然坏了，于是下车步行赶往目的地，不料被日本人发现而被捕。在沈醉这里，却被说成为了去会陆小曼而泄露了军事机密。

这样的误会在陆小曼的一生中，既不是头一次，也不是最后一次。姑妄听之吧！而王赓本人，早在1942年4月在埃及开罗病逝了。

是啊，王赓、志摩、翁瑞午，小曼生命中的三个男人都离她而去了。她的“情敌”林徽因也在1955年4月离开了人世，只有张幼仪还活着，自己也暂时还活着。

活着，究竟有什么意义呢？

六十一岁的陆小曼，在住宅对面静山公园的假山旁、小桥边，留下一张照片。

照片里的她，一袭青衫，白袜子，平底布鞋，瘦弱的面孔，干瘪的嘴唇，依稀可辨的头发向后梳成了标准的老人发型。

夕阳的余晖将她枯枝一样的身影投射到身下的石头上，是那样寒冷。而那双深陷的眼睛，一直保持微笑的姿势，仿佛想对这个世界说点什么。也许在她的对面，有一对小孩正在嬉戏玩耍，他们扬起脖子，任手中的风筝，向更高的天空飞翔。

她想到了王赓，那个木讷的帅哥将军，这前世造就没有爱情的闪婚，带给她一生痛苦，一开始就输在情感的起跑线上。

她想到了志摩的爱，那炽热滚烫的心、那义无反顾的深情和慈父兄长般的呵护和迁就，天国之上，云层的缝隙里，志摩探出调皮的头，在向她做鬼脸。

她想到了翁瑞午的友情和亲情，这个宁可倾家荡产的公子哥儿，陪自己走过了三十多个年头，死而无憾的瑞午，永不磨灭的记忆。

一丝悲凉从胸中涌起，她记起和王映霞说过的话："过去的一切好像做了一场噩梦，甜酸苦辣，样样味道都尝遍了。……我又没有生儿育女，孤苦伶仃，形单影只，出门一个人，进门一个人，真是海一般深的凄凉和孤独，像你这样有儿有女有丈夫，多么幸福！如果志摩活到现在，该有多么美啊！"

这仅仅是一个普通人的梦想，曾经高不可攀的名媛、大家闺秀、风靡一时的社交红人，怎么会把最平凡的生活作为人生归宿的期盼呢?

晚年的陆小曼对物质生活的追求不再那么强烈，生于尘土而终将归于尘土，再多的荣华富贵也不过是昙花一现。

一无所有的陆小曼，将她的一部分画作捐献给了上海博物馆。至今人们去上海博物馆参观时，仍会发现博物馆左边的墙上刻有"陆小曼"三个烫金的大字。

在生命的最后几年中，陆小曼几乎闭门不出，拒绝一切交往应酬，偶有朋友来访，她谈绘画、谈京剧、谈天气、谈孩子，唯独不谈时事。

尽管如此，还是有人找上门来了。

突然有一天，上海统战部的领导来找小曼谈话，问起胡适过去的情况，以及他们之间的交往，并希望陆小曼能通过一些关系与胡适取得联系。

因为胡适要在台湾竞选“总统”了。

小曼了解到领导的来意后说，她与胡适早就没有来往了，她现在就是一介平民，胡适能否当选“总统”和胡适对两岸关系是否重要，自己起不到牵线搭桥的作用。

在很多朋友聚会闲聊的场合，一旦有人开始评论时局，她都会和颜悦色，好言劝慰对方，不要说出格的话。其实她心里明白，真理不在他们这些人手里。

她歌颂过人民公社，画过《丰收》图。她用纯正的小楷抄写过毛泽东的诗词，其中有《七律·长征》。

她既不能脱离尘世，也不能涉世太深。这好比修道，画就是她的道，假绘画之名，求得内心的宁静。“我无为而道自为之”，她情寄山水，道法归一。她在自述的文章里写道：“我爱大自然，但我无法旅游，因此我愿陶醉在丹青的河山风景中。”

1964年春天，她计划以书法笔录的方式抄录毛主席的

《矛盾论》，准备在10月1日国庆节这一天向祖国献礼，但因病情恶化而终未实现。

陆小曼学会了感恩、释怨。

韩湘眉回国探亲时，带来了身在国外朋友的问候，他们想给小曼一些力所能及的资助。小曼很感激，但谢绝了他们的好意。她说："是解放改变了我的一切，我愿意通过自己的劳动，开始新的生命，获得社会的尊重。"

她感谢陈毅市长亲自为她安排工作。像她这样的人，在新社会不但没有受到歧视，反而还能获得一份收入不菲的工作。在新社会，她终于成功地塑造了一个画家陆小曼。

她感谢志摩。她已经做到了志摩生前希望她要做到的那样。她陆续整理出志摩和她两人的日记、书信，相继出版了《爱眉小札》《志摩日记》，还与人合编了故事书《河伯娶妇》，同时与王亦令一起翻译了《泰戈尔短篇小说集》及勃朗特的自传体小说《艾格妮丝·格雷》，遗憾的是未能出版，手稿也不慎遗失。

她感谢翁瑞午。是他三十四年来的不离不弃，是他坚守如一的执着和细心照顾，她才能在志摩死后，活到今天。

1961年寒冬，小曼安排表妹吴锦烧了翁瑞午平时最爱吃的菜，购买了香烛、纸钱，和翁瑞午的小外孙，一起到静安寺翁瑞午的墓前祭拜。

有人说，翁瑞午才是陆小曼真正的绘画辅导老师，这话不无道理。翁瑞午的山水画也十分精湛，且又是古玩字画鉴赏家，陆小曼画得好与不好，哪里对，哪里不对，翁瑞午一看就清楚，画作还没出门，就已经被鉴定了，而贺天健、陈半丁等老师也不会每天来授课。1936年，陆小曼加入中国女子书画会，也仅仅是个名头，参加个会什么的，交流交流而已，协会不可能提供书画培训。

陈巨来曾经给翁瑞午镌刻了一枚闲章，印文是这几个字："吉金寿石，藏书乐画。校碑补帖，玩磁弄玉。击剑抚琴，吟诗谱曲，均是瑞午平生所好。"翁瑞午简直就是个艺术完人。所以，翁瑞午不但出钱、出力，而且要指导陆小曼作画，画出来了还不行，他还要充当营销总监，将小曼的画对外推广销售。

"以画传人"和"以人传画"是画界历来的通例。陆小曼的传奇色彩，使她的画作声名鹊起。

翁瑞午这样的一个人，陆小曼说，对他只有友情、亲情而没有爱情，后来者还能说些什么呢？

陆小曼感激与京剧大师梅兰芳的友情。小曼唱京剧旦角，在旧上海有过几场赈灾义演，梅兰芳有时也在同一个戏院演出，于是相识。

20世纪50年代初，梅兰芳率中国京剧团到日本访问演出，陆小曼得知这一消息，致信梅兰芳，请在日本代为购买宣纸若干。梅兰芳在日本访问演出结束回国后，小曼果然收到梅先生托人带来的日本宣纸，来人转告梅先生的话，宣纸赠予小曼，纸钱就免了。

小曼大喜过望，转谢梅先生美意。从此，小曼作画，一直使用梅先生送给她的画纸。为什么小曼喜欢日本的宣纸呢？因为中国的宣纸吸水性太差，墨迹要等很久才干。

1957年后，小曼的恩师刘海粟被打成了右派，原来的家被抄了，被赶到一间几平方米的小屋居住，小曼经常买些食品和洗漱用品之类的东西，叫表妹阿锦送过去。学生孝敬老师的东西，刘海粟当然乐于接受。这期间也并不影响他作画，屋子是窄了点，一张桌子白天画画，晚上翻过来睡觉不是更好吗？

这位曾经在功德林宴会上扮演“侠义媒婆”的艺术大师，对自己的弟子陆小曼做出了这样的评价：“她的古文基础很好，写旧诗的绝句，清新俏丽，颇有明清诗人的特色；写文章，蕴藉婉约，很美，又无雕凿之气。她的工笔花卉和淡墨山水，颇见宋人院本的传统。而她写的新体小说，则诙谐直率。”又说她是一代才女、旷世佳人。

感恩是一种美德，而释怨则是一种襟怀了。

时间退回到1929年12月，天马会发起组织了两场票友会，陆小曼、江小鹣、翁瑞午、徐志摩四人都参加了这次演出。《福尔摩斯》小报刊出一篇文章《伍大姐按摩得腻友》，署名“屁哲”，这篇文章谩骂、侮辱陆小曼和徐志摩等人，平襟亚就是润色修改此文的人。由于平襟亚等人在陆小曼等人向法院提起诉讼后钻了法律的空子，最终以胜诉了结，但还是于心有愧，总觉得对不起陆小曼。

1946年，平襟亚托人请陆小曼为他的期刊投稿，还将《飘》杂志活动中，猜中陆小曼画像获得的十万元竞猜奖转赠给陆小曼，并向陆小曼当面道歉。

1949年，平襟亚又将陆小曼的有关往来书信，以真迹影印的方式编入《作家书简》并出版。陆小曼感受到平襟亚是出于一片真诚，于是接受了他的道歉。陆小曼也同意给平襟亚所在的刊物撰文投稿，这就是后来刊发的《文房四宝的来历》。

化敌为友，冰释前嫌。生逢乱世的人，虽不同是天涯沦落人，但人性的根本还是向善的。一介弱女子，能够忍辱负重这么多年，面对昔日侮辱谩骂的“宿敌”，一笑泯恩仇。

在生命弥留之际，不知小曼是否还怨恨志摩的父亲徐申如，或者“情敌”林徽因？人生不过一箪食一壶浆而已。权当过眼云烟，让它飘散吧！

1964年前后，小曼的身体每况愈下，连从床上坐起来都要吴锦搀扶。肺气肿加哮喘，使她咳喘不止，特别是到了秋冬季节，最容易反复发作。但她还是强打起精神来，坚持到画院去上班，去开会。

上海华东医院，是小曼公费医疗的地方，在相当长的一段日子里，她几乎就以医院为家了。挨到1965年3月，不得不靠输氧来维持生命，她预感到自己的日子不多了。

在昏迷中，她看到志摩、王赓和翁瑞午了。天国华音缥缈，钟鼓齐鸣。一对对仙女叠加似的飘然而至，一个俏皮的声音在喊“眉”。小曼急切地把手伸向空中，突然，那声音背后的人不见了，她不停地喊，摩，摩，摩摩！

清醒过来的时候她才发现，原来在昏迷中已经将鼻子上安插的氧气管子拔掉了。她微微睁开双眼，眼前的人影由模糊逐渐变为清晰。原来是赵清阁、应野平等好友看她来了，旁边站着她的表妹吴锦。

“我看见志摩了。”一丝欣慰的笑容掠过小曼干瘪的嘴角，她对赵清阁喃喃地说。

“别胡思乱想。”赵清阁上前理了理她蓬乱的头发说，“好好养病，有我们在呢！”

接下来是良久的沉默，整个病房里连掉下一根针也能听得见。小曼用她昔日那双“会说话的眼睛”直勾勾地看着大家，不过那眼睛已经不再妩媚动人，而是深陷了下去，仿佛眼眶就是一副特制的眼镜。青肿的脸颊上，两道法令纹像两条干枯的河流，向虚无的下颌蔓延。

赵清阁嚅了嚅嘴唇，似乎想开口，突然又闭上了。她急切地转过身去，用右手揉了揉眼睛。这时，大家听到了抽泣声，那从喉管里涌出的像火山一样喷射的抽泣。

是吴锦。

吴锦早已控制不住自己的情绪了，以往她都是一个人跑到外面去偷偷地哭，而这一次，面对这么多双泪眼和沉默的嘴，她再也控制不住自己了。曼姐，是她亲姑姑唯一的爱女啊！

等大家平静之后，赵清阁缓缓坐上小曼的病床，半俯身子，用征询的口吻问小曼："曼，我能为你做些什么？"

"我想葬在志摩的身旁，请你帮助我。"小曼平静地说。

"好，我尽全力想办法。"赵清阁握住小曼冰凉的手，点了点头。

"还有……志摩的……全集……"

1965年4月3日早晨，小曼病房的窗外鸟儿啁啾，和煦的阳光从高大的梧桐树的树枝间透过来，穿过玻璃窗，照在洁白的床单上。这是春暖花开的季节，小草是那样葱绿，风也带着和解的气息。

小曼走了。享年63岁的陆小曼带着她一生的病痛、娇嗔、妩媚、慵懒，以及屈辱和谩骂，还有那些不为世人所知的秘密走了。

她开始变小，再变小，最后化作一粒尘埃，随一阵飓风，向高空飞升而去……

29. 一生半累烟云中

在临终前的几天里，陆小曼把《志摩全集》的样本一册、纸版书一箱、她自己的一幅山水长卷、梁启超为徐志摩写的一副楹联，全部交给了志摩的表妹夫陈从周。梁启超赠志摩的一副楹联是这样写的：

临流可奈清癯，第四桥边，呼棹过环碧；

此意平生飞动，海棠影下，吹笛到天明。

这副楹联，浑然天成，气韵连贯而意境悠远，每一句皆有出处，勾连古今文坛众多词人、诗人。“此联极能看出志摩的性格，还带着记他的故事”（梁启超语），是志摩的最爱，当然也是小曼的最爱了。

根据陈从周后来的回忆录记载，他把《志摩全集》样册送给了北京图书馆，山水长卷和楹联交给了浙江省博物馆。那一箱纸版书归还给了徐家，历经十年浩劫，几经波折后，又失而复得。

红尘太喧嚣，小曼需要安静，请别再打扰她。

这是一次没有期限的长途旅行，她是特意去找志摩的。

这和她来到这个世界时的季节有所不同。那时是深秋，农历九月十九，是观音菩萨出家的日子。那时的天空灰蒙蒙的，像混沌未开的盘古。梧桐树叶是向下飘落的姿势，而那第一声啼哭竟然可以冲破雾霾，使她顽强地生长，为什么在这个暖阳明媚的日子，人间四月天，却留不住一颗孤独破碎的心？

这是那个特殊年代，暴风雨即将来临的前夜，许多老朋友都自顾不暇，哪里还敢为陆小曼的丧事张罗，没必要为一个死去的人给自己平添把柄。所以，单位只给小曼搭了一个简易的灵堂，前来吊唁的也多是陆、徐、翁三家常来常往的亲戚，除亲戚以外的朋友只有一人，就是前文提到的陈巨来。挽联也只有一副，还是陆小曼晚年的学生王亦令为其撰写的：

推心唯赤诚，人世常留遗惠在；

出笔多高致，一生半累烟云中。

好个“一生半累烟云中”，真是画龙点睛之笔，它把陆小曼的一生囊括无余了。

有一副挽联还算不错了，让人更加心酸的是小曼死的时候，身上还穿着一件露出棉絮的破棉袄，居然找不出一件新衣服为她换上。她的生前好友赵清阁实在不忍心陆小曼穿着这样破破烂烂的衣服去见志摩，把自己一套新的绸衣裤让人给小曼穿在身上。

小曼火化后的骨灰并没有安葬，骨灰盒上只有编号和名字。再说往公墓送也要钱，谁愿意出这笔钱？所以她的骨灰盒被暂时寄存在殡仪馆的某一个角落，相当于一个不明不白的人，可有可无的人。

如果说能暂时寄存下来算是一种好的待遇的话，一年过后，形势复杂，到处乱哄哄的，就连殡仪馆也不得安宁。在殡仪馆迁移的过程中，由于小曼的骨灰盒找不到接收的主人，只好和别的无家可归的骨灰盒一起统一处理掉。

想想也不算一件寂寞的事情，有那么多的游魂野鬼相伴也可不必害怕了。

中国人历来讲究人死后入土为安，死无葬身之地是咒语。遥想她那美妙的身段，多情的眸子，雅致的脸蛋，绘山水、写纯正小楷的玉手，此刻竟然和无人认领的尸骨混在一起，不禁让人潸然泪下。

一切结束后，陆氏宗亲也曾来寻找过小曼的骨灰盒，均无果。

徐志摩的坟墓也遭到了破坏。这个没落的资产阶级文人的坟墓被掘开了，入殓时穿的衣服残片撒落一地，手脚等骨头，东一节，西一块。垒坟的石头，也被附近的村民抬去做了别的用途，那块由胡适题写的墓碑，多年后在距离坟墓几公里外的一个低洼处找到，不过，墓碑已经残破不堪了。

陆小曼生前的愿望是要与志摩合葬在一起，怎么合葬？一个在硖石，一个在苏州，正所谓“刘郎已恨蓬山远，更隔蓬山一万重”，两个前世依恋的人啊，究竟还有没有来世？“春心莫共花争发，一寸相思一寸灰”，只有一生的爱和相拥的灵魂，可以在天国的某一处合葬了。

现在的苏州洞庭东山华侨公墓里，顺着编号找下去，你会发现在特级中区第9排，有一块墓碑上写着“先姑母陆小曼纪念墓”这样几个字，落款：侄陆宗木丹，陆宗麒，陆宗麟敬上。墓碑的右上角嵌有陆小曼年轻时候的黑白照片。立碑时间在1988年春。旁边还建了小曼父亲陆定、母亲吴曼华的纪念墓。

建纪念墓的这三个人，是陆小曼的两个侄子和一个侄女，其中陆宗木丹在台湾，建墓资金都是由他出的。

所谓纪念墓，它不同于衣冠冢，里面不过是一些小曼生前用过的笔墨纸砚或者杯碗瓢盆，仅仅是一种形式而已。现今的徐志摩墓也是如此，里面放有一本《志摩年谱》。

这里的东山，四季鸟语花香，苍松翠柏，湖光山色，五彩斑斓，仿佛陆小曼生前作的一幅画。这里适合缅怀，适合追忆，适合那个众说纷纭、哀怨愁苦而又无限寂寞的陆小曼。

关于陆小曼遗言里要和徐志摩合葬的请求，赵清阁在后来的回忆文章里说，她找到小曼生前的好友张奚若、刘海粟商量过此事，张奚若向海宁市当地文化部门提交了迁回陆小曼墓与徐志摩合葬的申请，但因徐志摩远在美国的儿子徐积锴不同意，当地政府也没有办法，这事只好作罢。

血浓于水。吴锦也希望陆小曼和徐志摩合葬在一起，吴锦在晚年还念念不忘此事。在她有生之年，每逢曼姐的生日或忌日，她都要焚香祭拜，默念这位一生浪漫、幸福又悲苦的表姐。早在小曼骨灰盒寄存在殡仪馆期间，她也常常带着自己的孩子前往祭拜。

“花自飘零水自流，一种相思，两处闲愁。”如果把李清照《一剪梅》里这两句写惦念丈夫远游未归的相思之词，用在陆小曼和徐志摩这两个亡灵身上，也很贴切。如果人死后真有灵魂存在而且可以相聚，也是一件幸事。

陆小曼临终前期望与志摩合葬的这个小小的口头愿望，最终没有实现，不知道身在天堂、云游四海的志摩什么时候才会“云中谁寄锦书来”？小曼云游而去，会去找她的志摩吗？

那天你翩翩的在空际云游，
自在，轻盈，你本不想停留
在天的那方或地的那角，
你的愉快是无拦阻的逍遥，
你更不经意在卑微的地面有一流涧水，
虽则你的明艳，在过路时点染了他的空灵，
使他惊醒，将你的倩影抱紧。
他抱紧的是绵密的忧愁，
因为美不能在风光中静止；
他要，你已飞渡万重的山头，
去更阔大的湖海投射影子！
他在为你消瘦，那一流涧水，
在无能的盼望，盼望你飞回。
——《云游》徐志摩（1937年7月）

历尽红尘千劫后，他们都渴望得到新生与慰藉。

他那颗焦急与痛苦的心，何时能穿越黑暗的时空，再次“将你的倩影抱紧”。带着这密密麻麻的忧愁，飞越万水千山，只为投下寻觅你的影子，即使为你消瘦了容颜，也会像一流涧水，日夜奔流不息，哪怕是遥遥无期，也会一直为你翘首盼候。

而她，早已魂飞魄散，无所依附。曾经的明艳与俏丽、轻灵与销魂，已经在茫茫大地上香消玉殒，一座孤坟，几件遗物，与灵山秀水相伴，到哪里去寻找昔日的热恋与温情，来世再相厮守，莫非成了一句空话？这凄楚孤单的况味和刻骨的生命体验，真像“西天的云彩”，挥一挥衣袖，就可以了结吗？

值得庆幸的是，小曼的画作至今还存留在人间，像《江边绿阴图》《归樵图》《黄鹤楼图》《翠峰冥色图》《寒林策杖图》和志摩遇难遗留的那幅山水长卷等都属于传世佳作。随着近年来收藏热的持续升温，小曼的真迹画作价格也在不断攀升。可以预计，在若干年后，这些画和它们背后的传奇故事，仍将继续演绎。

只要曾经拥有，又何必在乎天长地久。